5-7, rue de l'Ecole-Polytechnique, 75005 Paris

www.editions-harmattan.fr

ISBN : 978-2-343-25604-7
EAN : 9782343256047

JE RÉCLAME JUSTICE !

Plaidoyer pour une justice humaine

Questions contemporaines
Collection dirigée par Jean-Paul Chagnollaud, Bruno Péquignot et Xavier Richet

Chômage, exclusion, globalisation… Jamais les « questions contemporaines » n'ont été aussi nombreuses et aussi complexes à appréhender. Le pari de la collection « Questions contemporaines » est d'offrir un espace de réflexion et de débat à tous ceux, chercheurs, militants ou praticiens, qui osent penser autrement, exprimer des idées neuves et ouvrir de nouvelles pistes à la réflexion collective.

Dernières parutions

Quentin MEUX, *La République des valeurs*, 2022.
Yahya EL YAHYAOUI, *Les communs numériques, Propriété, économie de partage et gouvernance polycentrique*, 2022.
Jacques LANGLOIS, *Pour un changement anticapitaliste de société*, 2022.
Sébastien ROFFAT, *Faire du rêve une réalité : l'histoire de Disneyland Paris,* Nouvelle édition, 2022
Frédéric DEBOMY, *Le monde de Macron, la gauche défaillante et moi perplexe*, 2022.
Jacques ARNOULD, *La guerre de l'espace aura-t-elle lieu ?*, 2022.
Chrysostome CIJIKA KAYOMBO, *Analyse systémique et axiologique appliquée à la pratique de philosophie de l'éducation*, 2022.
Olivier CAREMELLE, *Argent, transferts, droits TV : le foot à l'agonie*, 2022.
Danièle FAVARI, *Le référendum d'initiative citoyenne. Mode d'emploi. Pour une démocratie participative*, 2022.
Arnaud MAIGRE, *L'innovation vertueuse. L'économie par les valeurs,* 2022.
Alexandre BAUMANN, *Économie du militantisme, Le paradoxe du cancer militant*, 2022.
Sandy LAROSE et Ginette FRANCILUS SANON, *Femme, identité et chrétienté aux temps modernes*, 2022.

Pierre LUMBROSO

avec
Joséphine FLASSEUR

JE RÉCLAME JUSTICE !

Plaidoyer pour une justice humaine

L'Harmattan

Du même auteur

En quête de justice, *aux éditions Gammaprim* (1998)

La légitimité du juge d'instruction, *aux éditions du Rocher* (2001)

La prison, une machine à tuer, *aux éditions du Rocher* (2002)

La justice en question, *aux éditions Peter Lang* (2004)

Libre d'être putain, *aux éditions de l'Harmattan* (2008)

Condamné à vivre, *aux éditions Flammarion* (2012)

« J'ai toujours préféré la folie des passions à la sagesse de l'indifférence »

Anatole FRANCE

Je voudrais remercier Sarah, Samuel, Leïla, Annah, Claudine, sans qui ce livre n'aurait jamais vu le jour.

AVANT-PROPOS

Ma mère est née en 1931, de parents laïques. Elle avait vécu la guerre cachée à Aix-les-Bains, son grand-oncle avait été déporté et n'était pas revenu. Et pourtant, elle n'avait jamais intégré vraiment qu'elle était juive. C'était une intellectuelle de gauche, communiste pendant les années 1950, féministe pendant les années 1970. Elle avait entamé une psychanalyse à l'âge de 65 ans après le décès de son compagnon mort d'un cancer.

Dès lors, elle a mené une étude comparative entre la kabbale et la psychanalyse. Elle aimait à rappeler que FREUD était juif, et qu'il s'était inspiré des textes talmudiques pour élaborer sa théorie. Elle n'était pas devenue religieuse, mais passionnée. Nous passions des heures entières à évoquer la place de la loi dans l'Ancien Testament. Pour nos ancêtres, la loi doit être implacable et froide comme une lame de couteau aiguisée, car toutes personnes qui ne se conforment pas à la loi de Dieu seront jugées et condamnées. Cependant, la loi ne peut exister que si elle va de pair avec sa jumelle, la compassion et la bonté.

Après la Révolution française, la justice n'a plus été rendue au nom de Dieu, mais au nom de la République, la république des juges. Ce qui aurait dû guider ces juges républicains, c'est-à-dire rendre une justice humaine, n'a que peu été observé depuis que l'humanité existe. Comment se fait-il que les hommes n'aient jamais été capables de respecter cette obligation ?

Avocat pénaliste depuis 30 ans, je n'admets toujours pas que les juges, s'ils respectent la loi, oublient d'équilibrer leur jugement en introduisant compassion et bonté : juger en équité. C'est ce qui m'a guidé sur la voie de la défense. Juger c'est connaître la loi, mais c'est aussi apprécier l'homme et sonder son âme. Grâce à ces deux éléments, la justice républicaine prend alors une dimension humaine.

Mais quels sont ces élus qui peuvent juger leur prochain en leur âme et conscience ? Tant que l'homme pensait être jugé par Dieu, il l'acceptait parce qu'il en avait peur. Il en est allé tout autrement lorsque les hommes ont été jugés par d'autres hommes.

Le Siècle des Lumières a tenté de résoudre en partie le problème en proposant un nouveau modèle de vie en société. Jean-Jacques ROUSSEAU, dans son « Contrat Social » a expliqué qu'il fallait qu'un socle commun de lois soit décidé et respecté par tous les hommes[1].

Mais comment faire pour que chaque citoyen se sente concerné et respecte ce pacte républicain ? Ce n'est pas ROUSSEAU qui donnera la solution, mais MONTESQUIEU, dans « L'esprit des lois », livre qui jettera les fondements régissant aujourd'hui nos institutions républicaines[2].

Tous les pouvoirs ne pourront plus être centralisés entre les mains d'un seul homme. Certains devront écrire la loi au nom du peuple, et d'autres devront la faire respecter. C'est le concept de la séparation des pouvoirs : le pouvoir exécutif propose la loi et se charge de la faire exécuter, le pouvoir législatif élabore et rédige les lois, et le pouvoir judiciaire doit à son tour assurer qu'elle est respectée.

Depuis 1958, la séparation des pouvoirs est inscrite dans la Constitution. La seule nuance est que le pouvoir judiciaire voulu par Montesquieu est en fait, selon les constitutionnalistes, une autorité judiciaire. Mais pourquoi une autorité plutôt qu'un pouvoir ?

En contradiction avec cette théorie, les rédacteurs de la Constitution n'ont pas voulu couper le cordon ombilical entre le Parquet, autorité judiciaire, et le pouvoir exécutif représenté par le Garde des Sceaux. Le Procureur, magistrat, émanation de l'autorité judiciaire, reste définitivement aux ordres de la Chancellerie. Il n'existe donc pas de réelle indépendance de la justice puisque certains magistrats sont assujettis à la volonté politique du pouvoir exécutif. Toutefois, il existe bien une séparation entre ceux qui font la loi (le Parlement) élus par le peuple et le pouvoir judiciaire (les juges), qui ont pour mission de la faire appliquer.

Nous restons, grâce à la séparation de ces deux fonctions, dans le pacte républicain. Le Parlement vote des lois que les juges interprètent et appliquent. Interprètent, mais sur quels fondements ? Faut-il que ces hommes soient particulièrement, honnêtes, bons et droits pour pouvoir le faire ?

Si j'insiste sur ce point de droit constitutionnel, c'est qu'il est la clé essentielle pour comprendre les dérives du système judiciaire que je dénonce dans cet essai. Il me semble là que la pensée juive sur la complémentarité entre la loi et son application bienveillante prend ici tout son sens.

Peut-on réellement penser que le juge analyse et applique la loi en son âme et conscience et avec bienveillance alors qu'il est soumis à l'influence de la volonté politique du pouvoir exécutif ? Ne devrions-nous pas élire démocratiquement nos juges ? Ou doit-on accepter, comme cela se passe aujourd'hui, qu'ils soient recrutés sur concours, qu'ils fassent partie de la fonction publique et qu'ils soient nommés par décret en conseil de ministres, donc serviteur du pouvoir, en faisant fi de la théorie de MONTESQUIEU ?

C'est parce que j'ai vu pendant toutes ces années le monde judiciaire se cacher derrière les lois, ou pire, derrière des décrets décidés en conseil des ministres, et juger sans nuance, que je condamne ce système biaisé.

Je dénonce cette pratique hypocrite des juges. La loi reste une coquille froide et rigide, juste un cadre, si l'interprétation qu'en fait le juge ne permet pas un retour au réel. S'il n'y injecte pas un peu d'humanité, certes la loi est appliquée, mais la souffrance des hommes et de la société n'est jamais apaisée. Je sais que la tâche est ardue, mais la facilité nous conduit tout droit vers une société déshumanisée où la loi du plus fort est la meilleure et où la population exaspérée tant par l'échec des politiques pénales, que par le sort que les juges lui réservent, se tourne inexorablement soit vers l'extrémisme religieux soit vers l'extrémisme politique.

Il faut résoudre cette problématique fondamentale pour les années à venir, car l'on voit bien une montée des communautarismes radicaux, et une croissance exponentielle des extrêmes droites intolérantes. Il ne faut plus compter sur les hommes politiques parce qu'ils n'ont aucune bienveillance à l'égard du peuple. Ils préfèrent rester aveugles plutôt que de risquer une défaite électorale.

La justice avait un cœur, aujourd'hui elle n'en a plus. Loin de moi l'idée de défendre un passé judiciaire glorieux, mais la trajectoire que nous prenons n'est pas la bonne. J'ai passé ma vie à défendre un modèle humaniste qui n'a jamais vraiment vu le jour. Je voulais que l'homme soit au centre du prétoire, j'y trouve une machine glaciale, distante et mathématique. Cette locomotive contamine ses acteurs. L'inhumanité s'est emparée de la justice. Ce vide m'effraie.

Je condamne les juges qui ne s'intéressent plus aux justiciables et qui ne sont animés que par la politique du chiffre et par leur propre ambition, tout occupés qu'ils sont à construire leur carrière.

Je dénonce la justice rendue par des machines qui feront disparaitre les avocats parce que les machines n'ont pas besoin de se voir opposer la contradiction et encore moins la beauté, l'émotion et l'humanité d'une plaidoirie.

Je sais que l'autonomie de la justice disparait au profit des procureurs qui prennent leurs ordres directement au ministère de la Justice.

Je condamne certains policiers qui se sentent tout puissants, soutenus qu'ils sont par leur ministre, avec la complicité de l'autorité judiciaire.

Je rejette ce pouvoir politique qui institue des états d'urgence permanents, qui bafoue les lois de la République et ses libertés publiques, mais aussi qui réduit à une peau de chagrin nos libertés individuelles. Faut-il laisser faire ? Je ne pense pas. Il faut savoir se soulever contre le commandement de l'autorité légitime et devenir une « baïonnette intelligente ».

Avocat pénaliste, j'ai eu affaire à des dossiers impliquant des meurtriers, des violeurs, des escrocs, des trafiquants en tout genre, des policiers violents, des politiciens corrompus, mais surtout des victimes maltraitées par le système judiciaire. J'écris ce livre pour faire l'état des lieux, s'il n'est pas trop tard, de tout ce que je vis au quotidien, des combats que je mène. Le cœur de la justice s'est-il arrêté de battre ou peut-on entendre encore quelques pulsations ? Je ne suis pas un homme du passé replié sur lui-même, je suis un progressiste qui ne supporte pas de voir les justiciables taillés en pièces.

Rendons l'humanité à la justice. Donnons aux acteurs des tribunaux une fonction responsable et indépendante, permettons à ces artisans du droit de pouvoir échanger et collaborer pour le bénéfice des victimes et des mis en causes afin qu'ils retrouvent leur dignité et leur place.

Chapitre I

TRAITEMENT DES VICTIMES : UN COUTEAU DANS LE DOS

C'était l'hiver, l'hiver 2014, le mois de février vers 10 heures du matin. Un coup de téléphone à la police, une voix d'homme :

- *Je viens de faire une grosse connerie, je vais me suicider, je suis sur le pont de la Garance, j'enjambe et je me jette dans le vide, vous n'entendrez plus parler de moi.*

L'opérateur s'agite derrière son combiné :

- *Il ne faut pas faire ça, qu'est-ce que vous avez fait ?*
- *J'ai tué ma femme*
- *Tuer votre femme, mais où ça ?*
- *Dans mon garage, à Bas-Rheim sous Garance, vous savez le garage Molitor*
- *Retournez-y Monsieur et attendez-nous sur place, on arrive tout de suite.*

Sirène et gyrophare, la voiture de la B.A.C file à toute vitesse, en moins de cinq minutes elle est déjà sur place. L'homme est là, il les attend. Il a emmailloté un tee-shirt autour de sa main droite, de grosses traces rougeâtres imprègnent le tissu. Il montre ses plaies, des plaies très profondes sur la face interne du majeur, de l'annulaire et de l'auriculaire. Il dit que sa femme est à l'intérieur, qu'il a fermé la porte à clef et jeté le trousseau dans la boite aux lettres.

Les policiers rassurent l'homme, récupèrent les clefs et déverrouillent la porte du garage. L'édifice est divisé en deux parties bien distinctes, au fond de la cour une petite porte d'entrée elle aussi fermée à clef, un petit vestibule qui distribue deux pièces, la première faisant office de bureau et de salle d'eau, et la deuxième un hangar, le garage automobile.

Les policiers ouvrent la porte fermée à double tour et pénètrent dans le vestibule. S'y trouve un fauteuil sur lequel est posée une couette blanche, maculée de sang. La porte du bureau est elle aussi fermée à clef. Ils entrent dans la pénombre, les stores électriques ont été descendus. Ils trouvent alors un corps de femme recroquevillé le long du canapé qui borde le mur, gisant dans une mare de sang, c'est Julie. Elle est allongée en position fœtale sur le flanc gauche. Elle est encore vivante. Le bureau est en désordre, un radiateur a été cassé, des traces de sang descendent le long du mur près d'une armoire, tout près du canapé. Un couteau de cuisine d'une longueur de 35 centimètres, une lame de 20 centimètres, est découvert dans la vasque du lavabo, situé dans l'espace « toilettes » situé au fond du bureau. Il supporte des taches de sang. En haut de l'armoire, le meurtrier a caché un polo et un pantalon trempés de sang.

Les pompiers sont appelés, suivis par le SMUR. Les médecins constatent d'emblée plus de quinze plaies par arme blanche, plus ou moins saignantes sur le corps de Julie. Il s'agit d'une urgence vitale, elle est transportée dans un état critique à l'hôpital Bichat à Paris. L'homme est placé en garde à vue, il dit vivre avec Julie depuis sept ans, avoir trois enfants avec elle. Il tente d'expliquer son geste. Il pense que sa compagne a un amant depuis la mi-janvier, un petit jeune, il ne le supporte pas. Il aurait été obligé de quitter la maison pour vivre comme un chien dans son garage. Parfait crime passionnel.

Il admet, simplement, avoir pu dire à Julie : « si un jour je te trouve chez moi, dans le lit avec le mec, je te bute ». Pourquoi mentir aux policiers ? Si la passion l'a emporté un instant pour laisser place à la sauvagerie, pourquoi ne pas dire la vérité ?

C'est pourtant dans un véritable guet-apens qu'il va entrainer Julie. Elle n'aurait jamais pu penser qu'une séparation, aussi difficile fût-elle, puisse entrainer des conséquences aussi graves. Elle avait souhaité cette séparation, car elle ne supportait plus de prendre des coups, d'être humiliée devant la famille et les amis, elle voulait fuir cet homme et en même temps, comme toutes les femmes battues, quand il levait la main sur elle, elle croyait que c'était la dernière fois et qu'il allait changer. Malgré leurs difficultés de couple, elle avait un emploi à plein temps à la banque, s'occupait des enfants, et trouvait encore du temps pour faire la comptabilité et régler les problèmes administratifs du garage de son ex-compagnon. Elle y venait encore et travaillait des heures pendant le week-end. Elle s'installait dans ce bureau ou il allait l'attirer une dernière fois dans le but de l'assassiner. Rendre des services, l'aider au garage, même si elle avait décidé que leur histoire était définitivement terminée, ce n'était pas un problème, il restait le père de ses enfants.

C'est pour cela que ce matin du mois de février 2014, alors qu'il lui avait demandé de lui rendre encore un service, elle s'était présentée à neuf heures et demie au garage à bord de son véhicule. Elle conduisait et les trois enfants étaient à l'arrière. Ce rendez-vous était prévu depuis une semaine, car elle devait l'aider à convoyer un autre véhicule en Seine-et-Marne.

À leur arrivée, elle s'est garée comme toujours en marche arrière dans la cour, à côté de la voiture en question et a transféré les enfants dans le second véhicule. Il est apparu devant la porte et lui a fait signe de venir le retrouver. Elle pensait qu'il voulait lui montrer des papiers.

Elle a marché quelques mètres pour le rejoindre, il l'a insultée « *j'espère que tu as bien baisé salope* », puis lui a ordonné de rentrer dans le bureau pour signer des documents administratifs.

Elle est passée devant lui et a ressenti une violente décharge électrique en bas du dos qui l'a paralysée et l'a fait tomber à terre. On ne saura jamais vraiment si c'est d'un coup de « taser » qu'il l'a foudroyée. Il a alors sorti le couteau de sous la couette qui se trouvait sur le canapé dans le vestibule. Il l'a poignardée une première fois et elle a réussi à se réfugier dans le bureau. Il l'a suivie et il l'a encore frappée à de multiples reprises jusqu'à ce qu'elle tombe et ne puisse plus se relever. Elle a crié, hurlé de douleur. Instinct de survie, elle lui a dit qu'elle l'aimait et qu'elle l'aimerait toujours, qu'elle était enceinte de lui, il s'est alors arrêté, elle baignait dans son sang, une grande mare de sang.

Tout s'est passé dans la pénombre, car il avait pris bien soin de baisser les stores avant qu'elle n'arrive et de couper la caméra de vidéosurveillance qui normalement doit fonctionner.

Les enfants ont entendu les cris de leur mère, mais ils étaient dans la voiture. Ils n'ont surement pas compris ce qui se jouait dans le bureau à quelques mètres de là.

Il est alors sorti du bureau. Elle s'est retrouvée seule avec elle-même, elle a tenté d'attraper son téléphone portable, mais elle n'en a pas eu la force.

Elle a pu perdre connaissance quelques secondes ou quelques minutes, mais elle revoit cet homme qui était devenu un meurtrier, la regarder, l'embrasser, prendre le téléphone portable qui était au sol. Elle a aussi entendu la porte du bureau se fermer à clé et la porte du garage claquer.

La voiture a démarré, le portail du garage s'est ouvert puis s'est refermé, elle savait maintenant qu'elle allait mourir.

Elle a raconté que c'était comme dans les films, qu'elle voyait défiler sa vie, elle avait peur, elle avait froid, mais elle s'accrochait à l'image, la seule image heureuse de ces dernières années, celle de ses trois petits enfants qui la regardaient en souriant. Elle disait aussi qu'elle perdait connaissance et que d'un coup, comme si elle savait qu'elle devait vivre pour eux, elle revenait subitement à la vie.

Il avait pris soin, Julie le découvrira plus tard, de demander à sa fille ainée, issue d'un premier mariage, de venir au garage et d'emmener les enfants avec elle pendant qu'il commettait son crime. Crime passionnel vraiment ? Non un crime prémédité et de sang-froid.

C'est au moment où ses forces commençaient à lâcher qu'elle a entendu des bruits de clés, de portes, et puis une voix qui lui parlait, qui lui disait que les pompiers allaient arriver. Au moment où ils l'ont bougée pour l'intuber, pour lui prodiguer les premiers soins, ce qui devait lui sauver la vie, elle a senti une douleur si forte, si violente, qu'elle a compris que si elle ne mourrait pas, elle survivrait handicapée à vie. Elle a fermé les yeux, s'est laissé faire, et s'est réveillée dans le service de soins intensifs et de réanimation à l'hôpital Bichat à Paris.

À son arrivée, elle présentait une plaie de trois centimètres para-sternale du premier et troisième espace intercostal, soufflante, une plaie latéro-thoracique gauche sous-costale, une plaie latéro-thoracique droite au niveau du quatrième espace, une plaie épigastrique, trois plaies sur chaque bras, et des plaies profondes au niveau des deux mains.

Elle a été hospitalisée pendant quinze jours avant d'être transférée dans un centre de rééducation. Julie ne travaillera plus jamais de sa vie, alors qu'elle devait obtenir une promotion, directrice d'agence bancaire.

Ce sont les hôpitaux qu'elle va visiter. Elle va subir sept interventions chirurgicales en moins de deux ans. On va lui poser une plaque abdominale pour éventration, ce qui ne lui permet plus de rester en position debout prolongée, et elle se trouve maintenant dans l'incapacité de porter des charges supérieures à un kilo ou de marcher plus de trente mètres.

Elle a de nombreuses lésions tendineuses qui lui ont fait perdre la mobilité totale de sa main gauche. Son corps est lardé de cicatrices monstrueuses, elle espère qu'un jour elle pourra faire appel à la chirurgie réparatrice pour gommer le plus possible l'image de son corps qu'elle ne peut plus voir dans un miroir. Chaque cicatrice lui rappelle chaque coup de couteau, la pénétration de la lame dans sa chair, la douleur, l'abandon, « la presque-mort ».

Comment Julie pourrait-elle se remettre de cette horrible histoire ? Certes elle est suivie par un psychiatre, elle est sous traitement anti dépresseur et anxiolytique à haute dose. Elle ne pourra plus jamais rester seule dans son appartement, sortir seule dans la rue. Aujourd'hui, tout contact avec des hommes la fait sursauter, elle a peur.

Voilà donc le présent, le futur proche, mais aussi lointain de la vie de Julie.

Aujourd'hui, l'affaire judiciaire est close, le livre s'est refermé, mais il lui reste au plus profond de son être une violente douleur physique et psychologique qu'elle conservera jusqu'à sa mort.

Ce drame est heureusement peu fréquent, mais il laisse une mère mutilée et des enfants traumatisés.

En racontant l'histoire de Julie, je parle de toutes les victimes parce qu'elles me touchent, parce qu'elles ne sont jamais écoutées, ni par le procureur ni par le juge, alors qu'elles en ont tant besoin. Il est juste que les pouvoirs publics déclenchent un plan « ORSEC » en cas d'attentat terroriste ou de catastrophe naturelle et mettent en place une cellule psychologique pour prendre en charge les victimes directes et collatérales du drame. L'effort est louable et nécessaire, mais je dénonce le fait que ces mêmes pouvoirs publics ne se préoccupent pas assez du traumatisme des victimes ordinaires.

Julie retrouvera-t-elle un jour sa joie de vivre ? Lorsque l'on vole votre jeunesse, votre maternité et votre vie, où prendre la force nécessaire, auprès de qui pleurer en secret hors du regard de ses enfants, si petits, si fragiles ? Ils ne sont âgés que de trois, six et neuf ans.

On attendrait que l'institution judiciaire prenne en charge cette famille désagrégée, qu'elle montre de l'empathie, un peu d'humanité, mais le contraire se produit. Ces victimes sont un poids pour la société. Son devoir serait de les protéger et de les défendre. Le procureur de la République, représentant de la société, pourfendeur des crimes et des délits, devrait les inviter à pousser la porte de son bureau dès qu'ils en ressentent le besoin, juste pour prendre des nouvelles de la procédure, juste pour parler de leur malheur et se faire expliquer les aspects techniques de leur dossier.

Le juge d'instruction[3], celui qui mène l'enquête, celui qui reste en contact avec le mis en examen, la victime, les experts, les policiers pourrait convoquer régulièrement la victime pour lui donner des nouvelles de la procédure, pour la rassurer, pour lui dire tout simplement qu'il est à ses côtés et qu'elle peut compter sur lui[4].

Pendant deux ans que durera la procédure d'enquête, elle ne rencontrera jamais le procureur de la République et simplement deux fois le juge d'instruction dont une pendant la reconstitution. Pendant ces deux années, la justice sera absente, fantomatique. Le seul relais qu'elle trouvera pour la soutenir et lui expliquer les méandres judiciaires sera son conseil, mais faut-il encore que les juges et procureurs acceptent de communiquer avec l'avocat.

Il est devenu impossible de rencontrer un procureur et quant au juge, il est toujours submergé de travail ou absent. Pour certains même, ils considèrent que la prise en compte de la souffrance des victimes ne relève pas de leurs attributions. Ils auraient sans doute trop peur d'être émus. Il ne faut pas se méprendre, la justice est aussi froide et tranchante que la lame du couteau qui a pénétré la chair de Julie.

Pourtant, tous les magistrats qui se sont intéressés à cette histoire ou qui ont eu à intervenir pour aider ou pour juger, sont tous de bonne volonté. Il n'en demeure pas moins qu'ils ont perdu leur humanité, engloutis par la machine judiciaire.

Le juge d'instruction mène l'enquête, interroge, fait pratiquer des expertises, confronte, organise les reconstitutions. Julie aurait tant aimé lui parler, elle aurait tant aimé obtenir des réponses aux questions qu'elle se pose encore aujourd'hui. En fait, celui qui doit s'approcher de la vérité pour rendre aux victimes leur dignité est le plus souvent aux abonnés absents. Car le juge n'a pas que cela à faire. Il est tendu vers la preuve de la culpabilité de l'auteur, il n'est pas là pour « s'apitoyer » sur le sort des victimes, elles passent au second plan. Ce n'est pas un psychologue, il n'est pas là pour écouter, il est là pour renseigner, alors quand Julie est convoquée pour raconter son histoire, il est hors de question de la laisser s'épancher, hors de question qu'elle lui demande de mettre en cause des complicités potentielles comme celle de la fille ainée de son ex-compagnon, de toute façon la loi lui interdit de le faire.

Questions : Est-ce honteux d'être victime ? Doit-on porter ce fardeau toute sa vie ? N'a-t-on pas le droit de se défendre au même titre que le mis en examen ? Pourquoi la justice lui dénie ce droit ?

Les parties civiles n'ont aucun droit au cours de l'information judiciaire, elles ne peuvent pas demander d'actes d'investigation au juge, elles n'ont pas le droit de demander que le juge mette en examen des témoins qui pourraient avoir des choses à se rapprocher. Toutes ces demandes doivent être sollicitées par le procureur de la République qui représente la société. La victime est pourtant le témoin principal des actes perpétrés, elle était présente tout au long du calvaire qu'elle a enduré, elle sait qui était présent sur la scène, qui a agi et comment, elle est capable d'évaluer la responsabilité de chacun des auteurs puisqu'elle en est la première à souffrir.

Il ne peut pas y avoir de victimes offensives, déterminées, actives. La seule chose qu'on lui laisse, c'est de rester enfermée dans son silence et dans sa culpabilité. Julie se pose la question que se posent toutes les victimes de violences conjugales : peut-être est-ce de ma faute s'il s'est montré violent ? J'ai dû induire sa colère, j'ai dû le pousser à bout pour qu'il réagisse comme cela ? Je l'ai trompé, je l'ai trahi, finalement, peut-être a-t-il raison ?

Aux États-Unis, la justice, aussi imparfaite soit-elle, se conduit bien différemment à l'égard des victimes et je ne parle pas uniquement de la réparation pécuniaire. Rappelez-vous comment la défense de Nafissatou DIALLO pouvait porter haut et fort sa voix, elle n'avait pas besoin de quêter la permission d'un juge ou de supplier un procureur pour qu'il demande des actes d'investigation, elle avait les mains libres, elle pouvait charger des experts indépendants de tout acte d'investigation qu'elle jugeait nécessaire à la manifestation de la vérité. Cette possibilité d'agir, de ne pas rester enfermée dans son malheur est un pas important vers le deuil et la réparation psychologique.

En France, ce n'est pas le cas, l'audition de Julie restera clinique, elle doit juste raconter les faits. La greffière du juge lui tend une boite de mouchoirs afin qu'elle sèche ses larmes, mais l'audition doit continuer, peu importe s'il lui est insupportable de raconter à nouveau comment cet homme a tenté de la tuer. Justice humaine ? Pas pour les victimes.

Des questions lui sont posées sur sa relation adultère, sur ses choix de vie, sur le fait qu'elle n'ait pas quitté cet homme alors qu'il la battait, comme si elle pouvait être mise en accusation morale d'avoir provoqué le geste irréparable de son mari. Certes, le juge doit instruire à charge et à décharge, mais n'a-t-il pas pour mission de persuader la victime qu'elle est d'abord une vraie victime et qu'elle ne doit pas se culpabiliser d'avoir été agressée. Non, Julie n'a pas provoqué et l'homme qui a tenté de la tuer est bien le coupable. À aucun moment, le juge en charge du dossier ne lui dira ces simples mots qui auraient pu réparer et apaiser son calvaire.

Jamais les victimes d'infractions pénales n'ont été traitées avec humanité et diligence par la plupart des magistrats qui ne se sentent pas concernés par l'aide à apporter à ceux qui ont subi dans leur chair et dans leur âme des agressions qui les poursuivront leur vie entière.

Pourtant, parler d'humanité de la justice, c'est d'abord mettre en relation des humains avec d'autres humains. C'est permettre aux victimes de pouvoir rencontrer et discuter avec celui qui au nom de l'ordre public se lèvera un jour dans un tribunal ou dans une cour d'assises pour requérir une peine de prison à l'encontre de l'accusé : le procureur de la république[5].

Il est de son devoir de faire des points réguliers avec les victimes afin de leur expliquer son rôle, la suite qu'il entend donner à l'affaire dont il est en charge et de rassurer ces hommes et ces femmes meurtris.

Est-il imaginable qu'une victime n'ait pas accès à son dossier, celui de l'enquête et de l'instruction judiciaire, tant qu'elle n'a pas été entendue par le juge d'instruction ? Il peut donc se passer des années sans que la partie civile ne puisse connaître la vérité du dossier.

En plus du cauchemar quotidien, celui de vivre avec son handicap et sa douleur psychologique, elle connait l'humiliation d'être écartée de la vie judiciaire, laissée encore une fois au bord du chemin, comme si sa parole pouvait troubler. Pourtant, il faudrait respecter le principe constitutionnel du « contradictoire », permettre aussi bien à l'accusation, à la défense, mais aussi à la victime de se battre à armes égales.

Malheureusement, au lieu de remplir pleinement sa fonction, le procureur de la République « se pavane » devant les médias, flanqué d'un policier, directeur d'enquête, pour expliquer à la France entière plutôt qu'à la victime les avancées de l'enquête. Elle ne connait donc son sort qu'à travers le prisme du petit écran et de la presse régionale.

Peut-on ressentir l'effet dévastateur que peut provoquer l'attente, celle de passer des semaines à espérer un geste, une parole du représentant de l'état, juste un peu de compassion et de compréhension qui ne vient pas et de surprendre, au détour du journal télévisé, l'accusateur public offrir en pâture à des millions de téléspectateurs sa vie, sa douleur et son malheur ? Le traumatisme des victimes est plutôt de l'ordre de l'intime que du déballage médiatique ! Ces magistrats ont-ils si peu d'humanité que leur narcissisme les pousse à flirter avec les médias ?

Quant au juge, qui dans sa neutralité putative devrait être à l'écoute de la victime et de son témoignage humain, il reste enfermé dans sa tour d'ivoire et l'omnipotence de son pouvoir. Son seul interlocuteur est son greffier. Le sort des victimes ne le concerne pas. Il est la courroie de transmission de la justice avec les services de police auxquels il demande des investigations. Son rôle de juge est d'instruire à charge et à décharge, prendre des informations auprès de l'accusation (le procureur de la République) et la défense (le mis en examen et son conseil). L'école nationale de la magistrature prend soin de le former pour déjouer les pièges que cette dernière pourrait lui tendre. La mode actuelle est de refuser de recevoir les avocats qui lui demandent audience pour discuter du dossier. L'avocat est à priori un « escroc », il ne peut rien apporter à la réflexion judiciaire. À quoi bon perdre son temps à l'écouter faire des effets de manches et s'agiter, tout cela est stérile. L'avocat est donc banni, il restera à sa place, celle de faire-valoir de la démocratie judiciaire.

Mais surtout, le juge dispose d'un droit exorbitant sur le mis en examen. Il saisit le juge des libertés, qui décidera de l'incarcération du mis en cause.

En revanche, il décide seul de sa mise en liberté. Ce juge est tout-puissant, aucun contre-pouvoir ne peut venir contrôler la valeur de ses décisions.

On parle bien de la Chambre de l'Instruction qui juge des appels des décisions du juge d'instruction, mais c'est un miroir aux alouettes puisque 90 % des arrêts de cette chambre confirment la décision initiale du Juge. Tant de réformes ont été étudiées pour que les décisions de l'instruction soient prises en formation collégiale ; elles n'ont jamais vu le jour.

Le juge ne veut plus connaître la contradiction et continue à prendre ses ordres auprès du parquet ou auprès des services de police auxquels il s'est asservi. L'évolution de sa carrière dépend de la notation du procureur de la République et du président du tribunal. Son instruction dépend essentiellement du travail des services de police. Si le juge ne répond pas aux attentes de celui qui représente l'accusation, il sera mal noté et ne pourra jamais avancer dans sa carrière. S'il ne s'entend pas avec ses services enquêteurs, il n'obtiendra jamais le retour de ses demandes d'investigations et son dossier restera au point mort. Ainsi il se sent naturellement plus proche des demandes de l'accusation et de celles des policiers que de celles de la défense ou des parties civiles.

Dans ce marigot de petits arrangements entre grands magistrats et grands policiers, le sort des victimes n'est certainement pas la préoccupation première du « petit Juge » d'instruction. On comprend, alors pourquoi il ne s'intéresse pas vraiment à ses malheurs. Il n'y a pas grand-chose d'humain dans tout cela.

Dans la procédure pénale, la victime et son Conseil n'ont aucun droit ou si peu. La société s'en lave les mains en pensant que l'indemnisation pécuniaire permettra de cicatriser les plaies béantes que laissent les agressions des victimes, mais posez la question à celui ou à celle qui a perdu un proche ou qui a été violenté ou violé de savoir si quelques dizaines de milliers d'euros remettront les choses de leur vie à leur juste place.

Julie me regarde, elle est assise toute recroquevillée sur elle-même et demande à l'avocat que je suis, pourquoi me traitent-ils avec aussi peu d'égard, ne suis-je pas la victime et lui l'agresseur ? Je suis une femme battue, je suis une femme meurtrie, je suis handicapée à vie. Ma main ne fonctionne plus, je n'ai jamais pu prendre mon dernier enfant dans les bras, je n'ai jamais pu lui donner le biberon.

Ils me considèrent comme folle, les éducateurs de l'aide sociale à l'enfance ne veulent même pas m'entendre, me comprendre, le juge d'instruction ne veut pas me voir. « Lui », mon agresseur continue à nier, il n'a pas voulu me tuer, c'est moi qui armée du couteau a voulu porter le premier coup. Il n'a voulu que se défendre et l'a retournée contre moi. Il a frappé plus de treize fois, c'est vrai qu'une fois n'était pas suffisante.

Elle attend des réponses que je ne peux pas lui en donner. Je peux lui dire qu'elle est victime, qu'elle ne doit pas culpabiliser, qu'elle n'a jamais provoqué cette folie meurtrière, qu'elle doit rester debout et affronter l'homme qu'elle retrouvera dans le box de la Cour d'Assises pour répondre de ses actes, que ce jour-là, elle aura peut-être des réponses aux questions qu'elle se pose. Je lui dis qu'il lui faudra beaucoup de courage pour accepter le mensonge, la calomnie et la froideur de l'homme qu'elle a aimé, qu'elle ne le reconnaitra pas et qu'en tout état de cause, ce ne sont pas les juges qui la guideront vers la sortie de son cauchemar ; ils considèrent qu'ils ne sont pas là pour cela. *« Ne pense pas un seul instant qu'ils s'apitoient sur ton sort même si tu es une victime ordinaire de la violence conjugale. Tu as de la chance d'être encore en vie, tu sais, une femme meurt chaque jour sous les coups de son mari ou de son compagnon. »*

Mais Julie ne recherche pas la pitié malgré son handicap, elle veut seulement que la justice lui rende justice et qu'un juge lui dise enfin qu'elle est comprise et admise dans le cercle des femmes humiliées, des femmes bafouées, des femmes frappées.

Rien ne sert de faire des effets d'annonce sur le « féminicide », de tenir des conférences en alertant les pouvoirs publics, d'inviter la ministre de la condition des femmes afin de lui donner une tribune pour s'exprimer et d'expliquer à toutes les statistiques sur les violences faites aux femmes, si dans le même temps rien n'est mis en œuvre en moyens humains et financiers pour les secourir lorsqu'elles sont encore vivantes.

Elle aurait tant aimé que les juges prennent en compte sa souffrance et celle de ses enfants. Mais rien, rien n'est venu, tout a été pour « lui » : sa personnalité, sa motivation, sa dangerosité, mais pas un mot pour Julie. Comment peut-elle se reconstruire ? Ces éléments ne seront jamais évoqués tout au long de cette procédure.

Et les enfants ? Même s'ils n'ont pas été marqués dans leur chair, cela ne les empêche pas de présenter des troubles psychologiques qualifiés de « gravissimes ». Supporter l'image d'un père assassin en prison et l'image d'une mère alitée à l'hôpital. Comment peuvent-ils concevoir que leur propre père ait voulu donner la mort à leur mère ? Peut-on simplement évaluer l'angoisse qu'ils ressentent de savoir leur mère entre la maison et l'hôpital ?

La souffrance des enfants, même si elle est différente, est aussi intense que celle de la maman. Malgré eux, et contre la volonté de Julie qui malheureusement ne peut rien y faire, ils resteront marqués à vie.

Ils ont été ballotés, d'abord chez les grands-parents paternels, puis ont très vite été accueillis par la sœur de Julie qui, au bout d'un mois et demi, ne pouvait plus porter ce poids trop lourd pour elle.

C'est le nouveau compagnon de Julie qui a pris le relais, il avait vingt-et-un an à l'époque, il s'est vu propulsé à la tête d'une famille dans laquelle il fallait prendre en charge trois enfants en bas âge et savoir entourer d'amour et d'affection celle qui est encore aujourd'hui sa compagne.

Cécile, la plus grande, va inquiéter sa directrice d'école, car elle s'est mise à tenir des propos très violents. Elle raconte l'agression, le sang… avec des mots qui choquent les adultes, mais avec une aisance déconcertante. Elle était la préférée de son père, le conflit de loyauté dans lequel elle se trouve est insupportable. Elle voudrait sauver son père et protéger sa mère. Comment faire pour se construire au milieu de ce champ de ruines.

Pour David, le cadet de la famille, la situation est désespérée. Il dit ne plus avoir de père, la directrice de l'école racontera que David, qui avait l'habitude d'être un enfant souriant, a eu le visage comme figé durant plusieurs semaines. On ne le voit plus sourire. Même s'il a toujours été un garçon un peu turbulent, ses jeux sont devenus plus violents et les bagarres quotidiennes. Il devient plus agressif dès que sa mère est hospitalisée, il a été le souffre-douleur de son père, il a été battu, il a entendu les hurlements de sa mère pendant qu'elle se faisait poignarder et il ne cesse de faire des cauchemars encore aujourd'hui. Il est suivi sur le plan psychologique et sera certainement suivi encore pendant très longtemps.

Louis, le plus petit, avait cinq ans au moment des faits. Il a été séparé de sa maman dès l'âge de dix mois après avoir vécu tout serré contre elle au quotidien. Julie avait pris un congé parental pour s'occuper des trois. Dès que sa mère sort de son champ de vision, Louis se met à hurler et reste inconsolable. Il ne s'est pas rendu compte réellement de ce qui s'était passé et découvre, peu à peu, avec ses yeux d'enfant que son père a tenté de tuer sa mère. L'école, pour, lui est une souffrance, parce qu'elle l'éloigne tous les matins de sa mère, il n'arrive pas à s'adapter.

Certes, l'enfant victime est pris en charge par un éducateur, des psychologues ou un juge des enfants, mais il n'est pas épargné par le manque d'humanité. L'enfer judiciaire c'est aussi celui du monde du juge des enfants et de l'aide sociale à l'enfance[6].

Ces institutions sont chargées de prendre en charge ces enfants. Le droit des mineurs impose au juge des enfants de protéger à tout prix les trois petits de Julie, en revanche, cette protection ne devrait pas être exercée contre eux-mêmes ou contre leur maman. La prise en charge des enfants par les institutions ne devrait pas se transformer en une machine aveugle, destructrice, produisant l'inverse de ce qui devrait être sa mission première. Le juge des enfants a bien sûr été saisi dans ce dossier puisque les trois petits se sont retrouvés orphelins d'un père jeté en prison, et d'une mère luttant contre la mort. Il fallait donc prendre des mesures urgentes pour les protéger.

Les protéger du père, ce n'était pas nécessaire puisqu'il était en prison, mais pourquoi vouloir les protéger de leur mère ? Qu'aurait-elle fait de si grave qu'elle ne puisse plus voir ses enfants, s'en occuper, les toucher, les avoir près d'elle, dans des circonstances aussi traumatiques ? Pourtant, à chaque hospitalisation, à chaque moment de faiblesse, des éducateurs désignés par l'aide sociale à l'enfance saisissaient le juge des enfants pour que ces derniers soient placés en foyer ou en famille d'accueil.

Chaque enfant était condamné à une double peine.

La première étant la séparation et la peur de ne plus jamais se retrouver entre frères et sœurs ; la seconde étant la décision par des éducateurs sans aucune humanité, ni réelle formation, avec bien souvent la duplicité du juge des enfants, de les séparer définitivement de leur mère par leur placement en famille d'accueil.

Est-ce cela le statut d'une victime ? Ne doit-on pas prendre en compte la douleur psycho-affective des enfants et de leur mère pour éviter à tout prix de leur faire vivre des abandons successifs et insupportables.

Dans le cas présent, ce n'est ni le juge, ni les éducateurs, ni l'institution même de l'aide sociale à l'enfance qui ont évité cette séparation. C'est Julie, qui du fond de son lit d'hôpital, alors qu'elle sortait d'interventions lourdes, d'anesthésies épuisantes, qui se battait pour que les enfants restent avec son compagnon. Dès qu'elle le pouvait, elle signait une décharge pour pouvoir sortir de l'hôpital et retrouver enfin ses enfants. Est-ce cela l'humanité qu'on attend de services spécialisés dans l'enfance ? Ne doit-on pas tout faire pour que ces quatre victimes dont la vie a été bouleversée puissent à tout prix être réunies le plus rapidement possible.

Le juge des enfants doit protéger. Il doit, s'il le faut, ordonner, après avoir pris toutes les garanties nécessaires sur le bienêtre des enfants, pour qu'ils n'aient pas à quitter leur maison, leur chambre, leur doudou, la nourriture dont ils sont habitués, leur école.

Et si la famille proche n'est pas disponible, que des éducateurs ou éducatrices prennent le relais, pour que les repères spatio-temporels des enfants soient conservés jusqu'à ce que la maman puisse réintégrer le foyer familial. Pour l'heure, les enfants sont totalement détruits et passeront le reste de leur vie dans les cabinets de psychiatres et de psychologues. Pourront-ils avoir la résilience nécessaire pour se reconstruire ? Ils n'auront eu aucune réponse valable sur les raisons du geste de leur père, ils n'auront reçu au long de ce parcours judiciaire aucune empathie des autorités.

Bien au contraire, ils auront vécu dans la plus grande insécurité, ayant tous les jours la peur légitime d'être enlevés à leur mère pour être placés dans une famille d'accueil. Plutôt que de les entourer et de leur assurer un confort psychologique, la justice des mineurs leur fera vivre toutes ces années dans le plus grand inconfort psychologique. À ce traumatisme premier lié à l'agression subie par leur mère, s'ajoutera un traumatisme secondaire, la peur de perdre à jamais leur père et leur mère.

La mise en place d'une cellule psychologique et la bonne volonté de chacun des intervenants de la chaîne judiciaire ne servent à rien.

Le ministère de la Justice peut toujours lancer des campagnes d'information et de protection des mineurs dans les médias, les incitant à déposer plainte en cas d'agression d'un adulte, mettre à leur disposition un numéro vert pour qu'ils dénoncent les faits dont ils sont victimes, rien ne changera. En fait, ce ne sont pas les enfants qui intéressent le système judiciaire, ce sont les agresseurs.

Dans la fameuse affaire du « pull-over » rouge[7], qui se souvient du nom de la victime ? Personne, mais, en revanche, le nom de Christian RANUCCI reste gravé dans nos mémoires plus de quarante ans après les faits.

Plus près de nous, la petite Maëly[8], sauvagement assassinée laisse une famille dans le désespoir total. La population s'émeut. Des marches sont organisées pour ne pas oublier l'enfant et la douleur de ses parents. Que font les autorités et plus spécialement l'autorité judiciaire pour aider la famille, pour la prendre en charge, lui apporter un peu de réconfort et de chaleur humaine ?

Rien. Elle les convoque pour assister aux actes techniques de l'instruction sans aucune préparation psychologique, sans même leur expliquer le long chemin qu'ils vont emprunter pour aller jusqu'au dernier rendez-vous judiciaire que sera le procès.

Pire, le procureur, celui qui a le devoir de les protéger, plutôt que de les convoquer dans l'intimité de son bureau pour leur donner des informations sur le déroulement de l'enquête, convoque la presse. C'est pour dire à la France entière comment l'appareil judiciaire traite avec célérité et efficacité cette affaire monstrueuse, comme si ce fait divers devait appartenir au peuple tout entier, sans aucun filtre, comme si les Français avaient besoin, à travers la souffrance de cette famille, de se retrouver unis devant la monstruosité et de crier ensemble vengeance au nom des parents de Maëlys.

Ce n'est plus la petite fille qui est au centre de la tragédie, ni même les parents de l'enfant, mais c'est d'un coup, comme surgit de l'oubli, la partie obscure de l'être humain, celle qui laisse transparaître la folie humaine, incarnée par Nordhal LELANDAIS[9].

Victime au procès pénal, c'est être sans droit, en revanche, c'est accepter de subir tout de tous, sans broncher. Ouvrir sa bouche, hurler sa douleur et vous serez considéré comme fou ou hystérique et donc perdant. Pas ou peu d'humanité, la justice est clinique pour les victimes, elle n'a pas de cœur.

La compassion ? Elle la laisse au bord du chemin.

Et pour la réparation ? De l'argent, cet argent qui doit réconcilier, panser toutes les plaies visibles et invisibles, mais de qui se moque-t-on ? Tu penses, toi justice que tu vas te déculpabiliser, te dédouaner de ne pas avoir rempli ton rôle humanitaire en octroyant froidement une somme d'argent. Ne sois pas hypocrite, tu sais très bien que l'argent que tu donnes est si peu de chose, et que cela ne change rien. Si tu n'effectues pas ton travail d'humain, juste de soutien, jamais les victimes ne pourront faire leur deuil.

Et le temps passe… l'instruction dure longtemps, trop longtemps, beaucoup trop longtemps, quand le procès arrivera-t-il ? Attente inhumaine.

Trois ans et demi se sont passés avant que ne s'ouvre ce procès tant attendu, ce procès plein d'espoir, ce procès que Julie attend pour elle et ses enfants, comme une possibilité enfin de pouvoir dire à ses juges le malheur et la douleur qu'ils subissent.

J'ai beau lui dire que ça ne se passera pas comme cela, que la Cour d'Assises est totalement tournée vers la défense de l'accusé, Julie y croit encore, car c'est le dernier espoir qu'elle place dans la justice, pour pouvoir s'exprimer.

Comment alors lui expliquer elle, qui a souffert comme elle a souffert, qui s'est vu mourir, que les juges et les jurés ne se poseront finalement que la question de la peine à infliger à l'accusé. Il encourt une peine de trente ans de réclusion criminelle.

D'ailleurs, le Président fait toujours lecture aux jurés avant que la Cour ne se retire pour délibérer de la formule suivante : *« Vous jurez et promettez d'examiner avec l'attention la plus scrupuleuse les charges qui seront portées contre l'accusé, de ne trahir ni ses intérêts, ni ceux de la société qui l'accuse, ni ceux de la victime ; de ne communiquer avec personne jusqu'après votre déclaration ; de n'écouter ni la haine ou la méchanceté, ni la crainte ou l'affection ; de vous rappeler que l'accusé est présumé innocent et que le doute doit lui profiter ; de vous décider d'après les charges et les moyens de défense, suivant votre conscience et votre intime conviction, avec l'impartialité et la fermeté qui conviennent à un homme probe et libre, et de conserver le secret des délibérations, même après la cessation de vos fonctions »*

Cette formule est magnifique, mais elle scelle le sort réservé aux victimes. Il s'agit d'examiner les charges qui pèsent contre l'accusé, puis de ne pas trahir les intérêts de la société et enfin, de ne pas trahir non plus ceux de la victime.

La balance, symbole de la justice, forte de ses deux plateaux, celui de l'accusation et celui de la défense, ne laisse alors plus aucune place au sort des victimes.

C'est ce mouvement de balancier entre l'argumentation de l'accusation et celle de la défense qui décidera du sort de l'accusé. La victime, quant à elle, n'aura rien à dire. Elle pourra s'exprimer si le président lui donne la parole, son avocat pourra exprimer sa souffrance, mais quant au choix ultime de la peine juste, la loi lui fait interdiction d'en dire mot. La victime est alors bâillonnée.

Ce n'est pas par esprit de vengeance qu'elle voudrait un peu plus de pouvoir. Elle est consciente du trop-plein d'émotions qui envahi son cœur lorsqu'elle se retrouve face à son assassin. Elle sait qu'elle n'est pas apte à ce moment-là de porter un jugement objectif sur sa situation et celle de ses enfants.

Cela est bien, que ce soit la société portée par la voix de l'avocat général[10], bras armé de la République, à qui doit revenir la tâche de porter l'accusation et donc d'estimer une juste peine.

Mais si la loi permettait à l'avocat de Julie et de ses enfants, de dire ce que pense ses clients de la peine, de la prison, et de ce que représente pour eux la sanction pénale, alors je pense que la Cour d'Assises qui fait déjà bien souvent office de grande réparatrice des vies, rendrait humaine cette justice et donnerait une place légitime à ces bouches fermées. La justice est imparfaite parce que parfaitement humaine.

Il faut trouver un équilibre entre une justice rationnelle qui doit prendre en compte les intérêts de la société, ce qui garantit le bon fonctionnement de la démocratie, et l'esprit vengeur des victimes ou de leur famille, qui sont souvent aveuglées par la douleur et ne pensent qu'au pire pour l'accusé. C'est cet équilibre qui est au cœur de la mission des juges.

Cependant, ne pas prendre en compte de façon suffisante les arguments des victimes crée un sentiment de frustration qui peut être un danger pour la démocratie. Il risque de provoquer inexorablement des dérives sécuritaires soutenues par des politiciens populistes et avides de pouvoir.

Il a été condamné à quatorze ans de réclusion criminelle. Il a été condamné à verser à Julie et à ses enfants de grosses sommes d'argent.

Julie a beaucoup pleuré, de peine, mais aussi de joie, car justice était faite et son « deuil » et celui de ses enfants pouvait enfin commencer.

Mais, tout condamné a le droit de ne pas accepter son sort. Il a fait appel de sa condamnation. Combien de temps pour qu'un nouveau procès s'ouvre devant la Cour d'Assises d'Appel ? Dix-huit mois.

Le calvaire de Julie reprend. Nouveau procès, nouvelles angoisses, il faut tout reprendre à zéro. Revivre une nouvelle fois les faits, réentendre les experts, revoir l'accusé dans le box, et encore supporter de n'avoir aucun pouvoir ni droit réel à l'audience, ce qui rend encore plus insupportable ce deuxième procès.

Mêmes causes, mêmes effets, il a été condamné à la même peine qu'en première instance.

Il aura donc fallu quatre longues années pour que justice soit enfin faite. Et pourtant, si la médecine a fait des miracles puisque Julie est « raccommodée », cette procédure laisse derrière elle un champ de ruines.

L'accusé est retourné dans sa cellule et attend au gré des remises de peine une libération conditionnelle qui interviendra certainement dans cinq ou six ans.

Je ne voudrai pas terminer mon propos sans redonner un peu d'espoir dans la justice.

Grande première, j'ai reçu dernièrement une lettre du juge d'application des peines qui demandait si nous voulions, Julie et moi, assister à l'audience qui décidera de la sortie en libération conditionnelle ou sous bracelet électronique de ce père meurtrier.

Nous y serons, Julie, et pour la première fois tu pourras dire ta peur de le voir sortir, ton angoisse qu'il puisse t'approcher ou approcher les enfants, dire que sortir après sept ans sur une peine de quatorze ans c'est peu cher payé après les dégâts irréparables qu'il a provoqués. Je ne sais pas si tu seras entendue, mais il s'agit là d'un premier pas vers la reconnaissance. La participation à cette audience permettra peut-être de dire que la justice retrouve un peu d'humanité et que la victime, pour une fois, trouve sa place dans le procès pénal.

Chapitre II

VOUS AVEZ DIT BAVURE ?

Le rôle de la police est celui de porter assistance et de protéger les biens et les personnes se trouvant sur le territoire Français.

Vingt-six décès liés à une intervention policière ont été recensés en 2019, vingt-huit en 2018 et 36 en 2017, année d'élection présidentielle, qui demeure la plus meurtrière depuis quatre décennies. Aucun fonctionnaire de police, coupable de ces faits n'a été condamné à un seul jour de prison.

En 2019, l'IGPN (Inspection générale de la police nationale) s'est vu confier 1 460 enquêtes, dont 868 pour violences volontaires. Un chiffre en augmentation de 41 % par rapport à 2018. Une hausse significative en partie due au mouvement des gilets jaunes (310 dossiers). Toujours d'après la police des polices, 88 % des incidents concernés ont eu lieu hors des commissariats.

Selon l'IGPN, une trentaine d'enquêtes étaient en cours en 2019 pour faits de racisme. Autre indication, fournie cette fois par le défenseur des droits : 80 % de jeunes Noirs ou Arabes ont été contrôlés par la police entre 2012 et 2017. C'est beaucoup plus que pour le reste de la population (16 %).

Pourquoi les policiers qui commettent des infractions pénales et notamment des violences susceptibles de donner la mort ne sont pas considérés par leurs pairs et par la justice française comme des délinquants comme les autres ?

Ils devraient, en tant que dépositaires de l'autorité publique, être exemplaires et comme la loi le prévoit être plus sévèrement punis. Force doit rester à la loi.

Lorsque ces fonctionnaires faillissent à leur mission, les victimes n'ont comme réponse, au mieux, que le policier a agi dans le cadre de sa mission ou qu'il était en état de légitime défense ou au pire, qu'il était dans l'obligation de violenter ou de donner la mort, car l'interpellé s'est montré menaçant ou dangereux.

Lorsque des policiers violentent ou tuent un homme, cet acte est légitimé par le fait que la victime est elle-même coupable. Cette culpabilité vient justifier l'acte délictueux ou criminel des fonctionnaires de police.

Ce fonctionnement n'est pas démocratique, il est politique et cynique. Il rappelle les dérives fascistes qui ont été dénoncées par toutes les organisations non gouvernementales comme la Fédération Internationale des Droits de l'Homme ou Amnesty International, mais, à une époque, où, on ne citait pas la France, mais le Chili, l'Argentine, l'Afrique du Sud.

Shaoyao est décédé à Paris le 26 mars 2017 d'une balle en plein thorax alors que les policiers tentaient de pénétrer dans son appartement[11].

Le policier qui a tiré n'a même pas été mis en examen, son épouse, ses filles et fils ont été maltraités par la justice et notamment par la juge d'instruction en charge du dossier. Même si les « services » ont décidé de couvrir et de protéger leurs fonctionnaires, il est illégal et inhumain de ne pas reconnaitre la faute de celui qui a tiré.

Vingt ans déjà qu'il était venu avec toute sa famille à Paris. Il est resté toutes ces années un déraciné.

Il avait quitté la Chine et sa campagne natale où il travaillait dans les rizières comme ouvrier agricole pour que puisse naître son deuxième enfant, afin d'échapper à la politique de l'enfant unique, encore en vigueur dans les années 90. Lui et son épouse Leepeng avaient déjà une petite, fille Zhao, et ils attendaient leur deuxième enfant. Leurs parents devaient les visiter ce soir-là pour leur dire quoi faire de cet enfant interdit.

Il était 20 heures lorsque tout le monde se mit à table, il fallait prendre une décision, on dîna puis on parla.

Il était possible de faire appel à une femme qui savait « faire partir » les enfants. Cela coutait un peu d'argent, mais cela résolvait tous les problèmes. Leepeng ne voulait pas et Shaoyo voulait lui aussi garder l'enfant. Au fur et à mesure de la discussion, Zhao, leur fille, s'était installée sur le tatami, elle devenait l'objet central des regards de la famille réunie.

Toutes ces paires d'yeux se dirigeaient inexorablement vers cette petite fille joyeuse et gracieuse.

Personne ne le disait, mais tout le monde voyait en Zhao, cet autre enfant à naître, et l'on ne pouvait se résigner à le faire disparaitre. Alors, si cet enfant devait vivre, la seule échappatoire était la fuite.

Non pas la fuite dans une autre province ou dans une autre ville, mais la vraie fuite, une disparition définitive. Il faudrait se résoudre à quitter le pays.

La décision fut prise, mais il fallait encore obtenir les visas pour l'Europe.

Le père de Shaoyao, ancien policier à la retraite, connaissait des fonctionnaires à l'Ambassade qui, contre quelques yuans, se débrouilleraient pour obtenir le fameux sésame qui ouvre la porte vers la l'étranger.

Au fur et à mesure que le ventre de Leepeng prenait un aspect rond et massif, l'attente des visas se faisait de plus en plus angoissante.

Et puis un jour, alors que Leepeng était enceinte de six mois, la famille fut convoquée au consulat, à deux jours de voiture de leur petite ferme, un fonctionnaire leur remit leurs passeports dans lequel des visas flambants neufs les envoyaient directement en Europe.

Les parents de Shaoyao et de Leepeng s'endettèrent auprès de leurs amis pour un an, afin de payer les trois billets d'avion. Leur destination était Barcelone.

Leur point de chute était un foyer où des cousins de Shaoyao vivaient entassés à trois ou quatre dans une chambre de $9m^2$. Ils travaillaient tous au port comme docker.

C'était la première fois qu'ils prenaient l'avion, c'était la première fois qu'ils quittaient leur village, c'était la première fois qu'ils quittaient leur famille. Cette première fois serait la dernière puisqu'il s'agissait d'un aller sans retour. Barcelone ne convint pas au couple : pas de place, pas de travail, pas d'assistance médicale, pas d'école, il fallait trouver rapidement une nouvelle destination. La communauté chinoise a des ressources insoupçonnables et c'est à Paris qu'ils furent accueillis.

Le 17 juin 2003, c'est vers 22 heures 30 que la famille de Shaoyao quitta la chaleur moite et épaisse du port de Barcelone, embarquée dans un bus qui roula toute la nuit et toute la journée pour arriver le lendemain vers 16 heures, Porte de la Chapelle à Paris. Par l'intermédiaire des associations chinoises du quartier, ils purent emménager rapidement à la « villa curial » dans le 19e arrondissement.

Shaoyao trouva un travail dans un restaurant où il faisait la plonge pour un salaire de misère. On se débrouilla pour leur faire obtenir une carte de séjour, et une couverture maladie. Apprendre le Français n'était pas nécessaire puisqu'ils vivaient dans la communauté chinoise et qu'ils ne fréquentaient pas les Français.

Mais Zhao apprit très vite la langue et la petite Nathalie vit le jour le 19 août 2003 à la maternité de l'hôpital Tenon. Leepeng n'eut pas le temps de chercher du travail, car dans les années qui suivirent, elle accoucha de deux nouvelles petites filles et d'un petit garçon.

Les années passèrent et la famille était maintenant composée de quatre filles et d'un garçon. Shaoyao quant à lui ne s'était jamais réellement adapté à sa nouvelle vie. Il s'était mis à boire, une lente et longue dépression l'avait obligé à cesser le travail.

Les enfants grandissaient, sa femme travaillait désormais à sa place au restaurant, et il se sentait un peu plus inutile chaque jour, que faisait-il ici ? Et pourquoi ? Il pensait être un poids mort, alors de temps en temps lorsque lui prenait la rage au ventre, et qu'un bruit provenant de la cage de l'escalier lui faisait peur, il sortait de l'appartement muni d'une tringle à rideaux. Il se battait contre des fantômes.

En 2012, il est tombé, il est tombé bien bas, il ne supportait plus le regard des autres, et surtout celui de ses enfants. Dans sa culture le mari doit ramener l'argent à la maison et la femme doit en prendre soin. Les rôles s'étaient brusquement inversés. Cette humiliation lui était insupportable. Tout devenait prétexte à agacement, à colère, jusqu'à même faire passer par la fenêtre l'écran de télévision d'une de ses filles parce qu'il trouvait qu'elle jouait trop longtemps à la PlayStation.

Ce jour-là, le médecin est venu, il fallut l'hospitaliser. Il a passé quinze jours à l'établissement de santé Maison-Blanche. Dans cette famille, la médecine occidentale n'est pas comprise, et les antidépresseurs ou les anxiolytiques ne sont pas considérés comme des médicaments, seule la médecine chinoise peut soulager les âmes.

Alors quand il est entré à la maison, après quinze jours d'hospitalisation, il n'a pas suivi son traitement. La rumeur dans l'immeuble a enflé, tout le monde savait qu'il avait été interné, il est alors devenu le bouc émissaire surtout pour un voisin habitant l'étage au-dessus, un policier à la retraite, qui avait décidé que Shaoyao était dangereux et qu'il fallait s'en méfier. Il appelait régulièrement les services de police pour se plaindre de lui. Les autres voisins le connaissaient, savaient qu'il était déprimé, mais savaient aussi qu'il n'était pas méchant.

Et puis, vint ce jour du mois de mars 2017, où encore une fois ce voisin appela ses anciens collègues au commissariat du 19e pour dire que Shaoyao se promenait dans les escaliers, armé d'un couteau. Trois policiers de la B.A.C. [12] furent envoyés sur place, mais la cité est grande et ils mirent du temps à trouver le bâtiment où habitait la famille.

Le voisin délateur attendait les effectifs de police en bas du bâtiment pour indiquer que Shaoyao était rentré chez lui et qu'il n'y avait plus de difficulté.

Les policiers zélés sont tout de même entrés dans le hall. Parce qu'ils considéraient qu'il était potentiellement dangereux, ils n'ont pas pris l'ascenseur, mais sont passés par l'escalier pour ne pas être repérés par Shaoyao. Pourquoi agir comme cela, alors que de l'aveu même du voisin, il n'y avait plus de danger avéré ?

Lorsqu'ils arrivent à pas feutrés devant la porte 686, l'un d'eux est armé d'une arme longue, les deux autres ont déjà sorti leur revolver de leur étui, ils ont enlevé le cran de sécurité et ont engagé une balle dans le canon.

Ils se sont placés derrière la porte et ont tambouriné en indiquant qu'ils voulaient entrer dans l'appartement. Personne ne saura réellement s'ils ont décliné leur qualité de policier.

Muni de son fusil d'assaut, un modèle G36, un des policiers se tient derrière les deux autres, qui essaient d'enfoncer la porte. Ils entendent des cris, sans pouvoir distinguer ce qu'il se passe réellement dans l'appartement. La porte s'entrouvre et puis elle se referme. Les policiers ont alors appelé du renfort pour obtenir un « bélier » pour l'enfoncer.

La porte finit par céder, Shaoyao se tient face aux policiers, une paire de ciseaux dans la main, mais avec laquelle, il ne les menace pas. Une détonation retentit, il s'écroule à terre, touché d'une balle en plein cœur. Il était déjà mort avant que les secours ne puissent intervenir. Un des policiers a tiré, pourquoi ? Comment ?

Deux versions s'opposent. Pour les policiers, Shaoyao avait un couteau dans la main, le policier à l'arme longue serait venu se placer dans un coin de l'entrée, Shaoyao l'aurait alors agressé et c'est de peur qu'il ne recommence une deuxième fois que le policier resté en embuscade sur le pas de la porte aurait fait feu avec son revolver.

Pour Nathalie, la fille de Shaoyao, présente pendant toute la scène, sa version est bien différente. Selon elle, elle aurait tenté de faire poids sur la porte pour empêcher ces étrangers de rentrer dans la maison, son père était avec elle, il était sorti de la cuisine ou il découpait du poisson avec une paire de ciseaux. Au moment où la serrure s'était brisée, un policier était entré, il avait fait feu directement sur son père qui s'était écroulé au sol.

Elle avait vu le sang sortir de sa poitrine, elle s'était jetée sur lui pour le secourir, ensuite elle ne se rappelait plus de rien.

De toute façon, les policiers ne lui ont pas laissé le temps de reprendre ses esprits, toute la famille a été enfermée dans une des chambres à coucher pendant une heure et demie. Avaient-ils des choses à cacher, voulaient-ils maquiller des preuves avant l'arrivée des services scientifiques de la police ? La justice ne jugera pas nécessaire de se poser la question.

L'histoire de Shaoyao, ce petit paysan chinois, fuyant son pays parce qu'il avait un enfant de trop, s'est arrêtée ce jour-là parce qu'un policier a fait usage, sans discernement, de son arme. Normalement, dans ce genre d'intervention, les policiers doivent, s'ils sont armés d'armes létales, privilégier l'utilisation d'une matraque ou d'un taser.

Dans des circonstances similaires, et quelques mois après la mort de Shaoyao, Valentin GENDROT, journaliste raconte dans son livre « FLIC » où il a infiltré ce commissariat pendant une année, que les mêmes policiers, sans doute afin d'éviter de commettre la même bavure, ont utilisé lors d'une intervention similaire, un taser pour neutraliser le récalcitrant.

La police protège les honnêtes gens, elle ne les tue pas. Ces filles n'avaient que ça en tête. Elles ne comprenaient pas pourquoi le policier avait tiré et pourquoi leur père était mort.

Bien sûr, il y a le chagrin, la tristesse et la douleur, et puis très vite une envie criante de justice, bien naturelle lorsqu'un homme surgit et prend la vie de ce qui vous est le plus cher.

Les services spécialisés sont à pied d'œuvre, sécuriser la scène de crime, relever les indices, faire appel à l'identité judiciaire et à la police scientifique et technique, effectuer une enquête de voisinage, entendre les témoins visuels. La procédure suit son cours, l'IGPN est saisie d'une enquête interne. La famille doute déjà que les investigations soient menées en toute indépendance et de manière objective. Alors, la colère gronde, les associations s'offusquent, des manifestations sont organisées, des manifestants sont arrêtés et immédiatement condamnés en comparution immédiate[13]. Le ministre des Affaires étrangères chinois proteste officiellement et demande à l'état français de protéger ses ressortissants[14].

Emmanuel MACRON, en pleine campagne présidentielle, est venu apporter son soutien aux manifestants en promettant que justice serait faite.

À ce jour, la police des polices a fini son enquête administrative. Ils ont conclu que les policiers avaient agi en état de légitime défense.

Le procureur, quant à lui, en charge de la procédure judiciaire a attendu plus d'un mois pour demander la désignation d'un Juge d'instruction.

Depuis deux mois, ce juge est en charge du dossier, il n'a pas entendu Zhao qui a assisté au coup de feu, il n'a pas reçu Leepeng et les enfants, le tireur n'a pas été placé en garde à vue et n'a pas été convoqué par le juge pour être mis en examen.

Quelle est cette justice qui refuse d'instruire quand des policiers sont mis en cause ? Je me suis demandé si l'état d'urgence qui avait été instauré après les attentats du « Bataclan » n'avait pas donné un permis de tuer aux policiers et si les juges ne faisaient pas preuve d'une complaisance coupable. Il n'empêche que les enfants de Shaoyao ont le droit à une justice impartiale. Ils avaient aussi le droit à une prise en charge psychologique.

À la place de cela, ils n'ont reçu comme assistance que le silence de l'institution judiciaire. Pire, leur parole est mise en doute. Les policiers parlent de légitime défense et on décide qu'ils ont raison. Le juge cherche la vérité, mais laquelle ? Pour le moment, il cherche la vérité des policiers.
Il veut juste démontrer que le policier au fusil d'assaut a bien été agressé par Shaoyao. Le témoignage de Zhao ne l'intéresse pas. Il faut à tout prix couvrir les policiers et prouver l'état de légitime défense.

Pendant ce temps, Shaoyao, lui, est bien mort et le policier, en question, rentre tous les soirs chez lui, retrouver probablement son épouse et ses enfants, une vie normale quoi !

Imaginons que n'importe quelle personne, même détenteur d'un permis de port d'armes, ait tué quelqu'un d'un coup de revolver, quel aurait été son sort ? Dans le respect de la loi, il aurait été placé en garde à vue, présenté à un juge d'instruction, déféré à un juge des libertés et de la détention, et qui sait, placé en détention provisoire, et cela même s'il s'était agi d'un homicide involontaire. On ne compte plus le nombre d'automobilistes responsables d'accidents de la circulation ayant causé la mort, qui sont aujourd'hui en prison.

Les juges considèrent que leur voiture est une arme par destination, qu'ils l'ont utilisée comme telle et qu'ils doivent payer pour cela.

Ils sont jugés pour homicide involontaire. On considère qu'ils ont été négligents et maladroits. Pourtant, cela n'empêche pas les tribunaux de les condamner à de lourdes peines de prison.

Le policier qui tire volontairement en plein cœur n'est pas maladroit, il n'a pas raté sa cible, car il est entrainé pour cela. Il devrait donc être doublement responsable de ses actes.

La loi condamne sévèrement l'homicide volontaire, elle considère que le statut de policier lui confère des responsabilités si importantes que lorsqu'il tue dans l'exercice de ses fonctions, il doit être puni encore plus durement. Tout cela est inscrit dans le code pénal. Il encourt la réclusion criminelle à perpétuité.

Pour Zhao et sa famille, la justice est sourde et aveugle. Tout mène à penser qu'on a donné le droit aux policiers de se servir de leur arme sans avoir à se justifier.

Si l'état d'urgence n'avait pas été institué, Shaoyao serait-il mort ? Car, comment justifier ces entorses répétées aux principes fondamentaux de notre état de droit ? Les policiers seraient-ils aujourd'hui au-dessus des lois de la République ?

Cet aveuglement expliquerait la recrudescence des bavures policières ?

Ces « bavures » sont cachées au public. Tous les jours des hommes ou des femmes sont victimes de violences illégitimes. Ils se plaignent que ce soient des policiers qui les aient commises.

Je n'avais jamais été saisi de ces dossiers avant la mise en place de cette loi quasiment martiale. Je ne peux m'empêcher de penser que cette loi sur l'état d'urgence a permis aux policiers de faire usage de leurs armes sans discernement. Certains diront qu'ils ne sont pas assez bien formés, moi, je dis que cette loi leur donne un sentiment de totale d'impunité.

D'une certaine façon, on peut penser que Shaoyao a bien été une victime collatérale de la lutte contre le terrorisme.

On pourrait opposer à ce raisonnement que les bavures policières ont toujours existé et que ce n'est pas l'état d'urgence ni la loi qui s'en est suivi qui a donné à la police un permis de tuer. En effet, je me souviens de cette nuit du 5 au 6 décembre 1986. La victime s'appelait Malik OUSSEKINE et il est mort sous les coups des matraques des C.R.S.

À l'époque, un million de personnes sont descendues spontanément dans la rue pour condamner les violences policières et lui rendre hommage.

Dans l'après-midi, une grande manifestation populaire avait été organisée par les étudiants dans le Quartier latin au centre de Paris. C'est au moment de la dispersion des manifestants que l'accident s'était produit.

Malik OUSSEKINE se trouvait rue Monsieur le Prince lorsque la police sur ordre de son préfet lançait ses voltigeurs, motos dont le passager était armé d'une matraque. Malik s'est mis à courir comme tous les autres, il se retourne, les voltigeurs ne sont plus très loin, tous les jeunes crient, la panique s'empare de tous, Malik accélère le rythme, il stresse, il a peur de se faire frapper, de se faire blesser.

Il n'a aucune chance contre la puissance et la vitesse d'une moto lancée à pleine vitesse contre la foule dans cette rue étroite, il ne pourra pas y échapper, il n'existe aucune rue ni à droite ni à gauche lui permettant de fuir. Au dernier moment, sa seule échappatoire est de pénétrer dans un immeuble, il pousse une lourde porte-cochère, il se planque, il est sauvé. C'est sans compter sur le zèle de nos C.R.S. Ils l'ont vu s'engouffrer derrière la porte. Ils l'ont ciblé, ils courent derrière lui, ils entrent dans l'immeuble, il est seul, il va payer pour les autres.

Il ferme les yeux, les coups pleuvent, il entend le bruit des coups sourds et lourds qui frappent son dos, ses bras et puis sa tête. Il ne ressent pas tout de suite la douleur et puis d'un coup, du sang partout et un éclair, puis le tonnerre dans son crâne, comme si on venait de lui ouvrir la tête en deux. Il est au sol, en boule, il se protège comme il peut, mais chaque coup lui fait à chaque fois un peu plus mal. Et puis à bout de force, il tente de se relever et reçoit une nouvelle pluie de coups, il reste au sol, c'est maintenant au cœur de sa poitrine que sa vie se joue.

Il sent comme une déchirure, il ne peut plus respirer, il lève le bras comme pour demander un temps mort qui ne lui est pas accordé, c'est déjà trop tard, il ne sent plus rien, il vient de perdre connaissance. Il meurt très vite. Il vient de succomber à une crise cardiaque. L'émotion qui naitra de cette bavure poussera à nouveau le samedi suivant plus d'un million de personnes dans les rues de Paris pour dire non à la violence policière.

En 1986, le peuple était encore concerné et sensibilisé, il s'est levé contre l'insupportable, pour le respect de la démocratie et de ses institutions[15].

En 2017, à peine un petit millier de Chinois est descendu dans la rue pour crier sa colère contre les violences policières et la mort de Shaoyao.

Ils étaient mille fois moins qu'en 1986. Que s'est-il passé en trente ans ?

Est-ce que l'assassinat d'un pauvre chinois par un policier n'offusque plus personne ? Serait-ce que la population trouve normal que la police agisse ainsi ?

Aujourd'hui, des membres du Rassemblement national sont élus à l'Assemblée nationale et sont maires de grandes villes de France. Il faut surement y voir un vrai tournant dans la politique sécuritaire de la France et surtout dans le changement d'état d'esprit des Français puisque la formation de Marine Le Pen est devenue le premier parti en nombre de voix.

Ce phénomène a pour conséquence un accord tacite des pouvoirs publics pour l'exercice légitime de la violence à l'égard des citoyens et un ciblage systématique des minorités dites visibles : Shaoyao fait partie de cette désormais longue liste de victimes.

Le défenseur des droits a été saisi à de nombreuses reprises par des recours de citoyens victimes de bavures policières. Il a pu dresser un bilan fiable de la situation actuelle. Entre 2015 et 2016, il y a eu une hausse de 34,6 % de réclamations, soit 1125 pour 910 l'année précédente. Mais réclamer n'est pas encore rentré dans les mœurs de la société française, la peur de la police finit souvent de dissuader toutes démarches à l'encontre de leurs brutalités.

Malheureusement, lorsque les victimes osent saisir la justice française, elles n'ont jamais gain de cause. Pour exemple, Abdelkader GHEDIR, victime d'une bavure policière est aujourd'hui cloué dans un fauteuil roulant et a besoin d'une aide quotidienne pour chaque geste de la vie courante.

Il a fallu un arrêt de la Cour européenne des Droits de l'Homme du 27 mai 2018 pour reconnaître à cet homme son statut de victime et condamner l'état français à verser la plus lourde indemnité jamais allouée à un citoyen pour des violences policières.

L'erreur a été commise, la bavure a bien eu lieu, elle devait être sanctionnée, mais elle ne l'a jamais été par la justice Française, le policier n'a jamais été inquiété.

C'est peut-être cela le pire, la justice a été saisie, toutes les voies de recours ont été utilisées par la famille de Monsieur GHEDIR[16] pendant ces quatorze longues années de combat.

Il faut rappeler encore et toujours que les policiers ont un rôle de protection de la population, ils sont armés par la république pour remplir cette mission. Ils ne doivent pas abuser de ce pouvoir pour terroriser les populations. Ces quelques exemples doivent illustrer ces dérapages. À force de commettre des exactions, les Français ont peur de leurs forces de l'ordre.

Dans certains quartiers, comme à Aulnay-sous-Bois, on ose plus appeler la police de crainte d'être violenté lorsque l'on est noir ou arabe. Les jeunes fuient lorsque des policiers de la B.A.C arrivent dans le quartier, ils ne veulent pas subir le même sort que Théo, qui, le 2 février 2017, aurait été violé, par un policier, par la pénétration anale d'une matraque télescopique.

Il n'est guère possible d'accorder notre confiance à la police lorsque l'on connaît la succession des bavures, révélées parce que médiatisées, commises ces dernières années, en voici un petit florilège :

Le 12 janvier 2019 à Bordeaux, Olivier BEZIADE[17] est touché à l'œil par un tir de LBD 40, alors qu'il ne présente aucune menace. Il est plongé dans le coma pendant quatre jours. L'IGPN est saisie, une information judiciaire ouverte.

Le 26 janvier 2019, place de la Bastille à Paris, Jérôme RODRIGUES[18], figure des gilets jaunes, est blessé à l'œil droit par un projectile, entraînant une perte de vision, alors qu'il est en train de filmer en direct sur Facebook. Une enquête est ouverte le 15 février pour « violences volontaires ». Elle est toujours en cours.

Place d'Italie, le 16 novembre 2019, date anniversaire du mouvement des gilets jaunes, Manuel COISNE[19] est blessé par une grenade lacrymogène et perd l'usage de son œil gauche. L'homme de 41 ans discutait avec un ami. Une information judiciaire a été ouverte après le dépôt d'une plainte contre X. L'enquête de l'IGPN est en cours.

Le 3 janvier 2020, Cédric CHOUVIAT [20] , 42 ans, est contrôlé à Paris. L'interpellation tourne mal : le coursier est plaqué au sol par quatre policiers, acte que les agents avaient nié dans un premier temps. Il meurt le 5 janvier des suites d'une fracture du larynx et d'un arrêt cardiaque. Une information judiciaire a été ouverte.

Le 21 novembre 2020, Michel ZECLER[21] est violenté par la police dans son studio de musique en plein cœur du XVIIe arrondissement de Paris, alors qu'il ne les menaçait en rien. Les images d'une violence extrême publiées par le site Loopsider montrent Michel ZECLER subissant une volée de coups assénés par des policiers alors qu'il se trouve à l'entrée de son studio. La France s'est émue de ce traitement inhumain et dégradant d'un citoyen. Suite à ses images, la police et la justice ont été contraintes de placer les quatre policiers en garde à vue, de les mettre en examen, et d'en écrouer deux. On peut imaginer ce qu'il en aurait été du sort de Michel ZECLER, si les caméras n'avaient pas filmé la scène.

Toutes ces bavures policières ne sont pas encore jugées et nous espérons que pour certaines d'entre elles, grâce aux preuves filmées, la justice ne pourra plus se dérober. Pour une fois il s'agira uniquement de la parole des victimes contre celle des policiers.

Les familles de GHEDIR et de Shaoyao n'ont pas eu cette chance. Pourtant, les faits étaient parlants, Shaoyao a bien pris une balle en plein thorax et GHEDIR a pris plusieurs coups de matraque en pleine tête alors qu'il était inoffensif, car menotté au sol.

L'inspection générale de la police a été saisie pour enquêter, un juge d'instruction a été désigné pour obtenir la vérité sur ces affaires, mais pour GHEDIR tout comme pour Shaoyao, le juge n'a rien trouver à redire, les policiers n'ont pas commis d'infractions pénales, il a rendu une ordonnance de non-lieu.

Les familles ont fait appel de cette décision, en espérant que deux nouveaux juges se seraient aperçus de ces erreurs judiciaires. Pas de chance ! la Cour d'Appel confirmera l'ordonnance de Non-lieu.

Nous sommes pourtant dans un état de droit, les policiers ne sont pas au-dessus des lois.

La Cour de cassation, cour suprême, garante des droits fondamentaux et de la constitution va réagir, ce n'est pas possible. Elle prendra deux longues années de plus pour réfléchir sur ces affaires et tout cela pour rendre les mêmes conclusions.

Quel message envoyé à la famille qui hurle à l'injustice ! Et plus encore au corps de la police tout entier. La justice qui se veut indépendante et dont la mission est de contrôler le respect de la loi, et notamment par ceux qui sont censés la faire respecter, couvre lâchement les agissements délictueux de quelques policiers en mal de violence et de brutalité.

Les juges ne comprennent donc pas qu'en laissant les policiers violer les prescriptions du Code pénal, ils allument le feu de la haine et de l'impunité.

Comment les citoyens que nous sommes peuvent-ils supporter que les gardiens de l'ordre puissent être au-dessus des lois ?

Un médecin, un pompier, un maître-nageur peuvent avoir à sauver des vies tous les jours et pourtant, je vous promets que s'ils commettent l'irréparable, ils seront jugés et condamnés à la hauteur de leur faute.

Les juges envoient aux policiers un sauf-conduit, ces fonctionnaires sont désormais blanchis avant même d'avoir fauté, ont-ils le droit d'agir en toute impunité, sans que personne ne vienne jamais leur demander des comptes ?

En désespoir de cause, la famille de GHEDIR a saisi la Cour européenne des droits de l'homme. Elle pensait à juste titre que l'Europe saurait lui rendre justice et elle avait raison.

Quatorze ans après les faits, la Cour a condamné l'état français à verser 6,5 millions d'euros à Monsieur GHEDIR, victime d'un coma, après son interpellation en 2004 par des agents de la sureté ferroviaire et des policiers dans une gare de la région parisienne. Quatorze ans après, il reste paralysé et totalement dépendant. C'est une décision de justice historique, une condamnation à une compensation record pour *« des traitements inhumains et dégradants »*.

Ce qui a choqué dans ce dossier, au-delà des violences qui ont entraîné le coma, c'est que la victime souffrait de troubles psychologiques et psychiatriques. La cour a bien précisé que les troubles ne constituaient pas une menace supplémentaire pour les policiers, mais qu'ils induisaient au contraire une vulnérabilité qui justifiait des précautions particulières.

Ces précautions n'ont pas été prises pour Monsieur LIU, qui pourtant était connu comme dépressif par les services. Les policiers avaient déjà sorti leurs armes chargées avant de pénétrer dans l'appartement familial, la porte a été enfoncée, le coup de feu est parti, le père de famille a pris une balle en plein thorax, il est mort sur le coup. Je ne peux supporter que l'on puisse encore dire qu'il ne s'agit pas d'une bavure policière, et que les policiers auraient agi en état de légitime défense.

Je pensais pouvoir faire entendre raison à ses trois juges d'instruction, l'état de vulnérabilité de la victime aurait dû alerter et obliger les forces de l'ordre à prendre des précautions particulières, non pas en termes de sécurité, mais en termes de prévention.

Les policiers ont violé l'article 2 de la convention européenne des droits de l'homme sur le droit à la vie, puisqu'ils ont eu recours à une force qui s'est avérée fatale pour la victime.

Depuis cet arrêt de la Cour européenne des Droits de l'Homme qui aurait dû alerter les pouvoirs publics sur les errements de la justice française vis-à-vis de sa police, des mesures auraient dû être prises pour empêcher que cela recommence.

La France n'a toujours pas réagi, les bavures policières, depuis la mise en place de l'état d'urgence en novembre 2015, n'ont cessé d'augmenter, sans qu'à aucun moment, le ministre de l'Intérieur et le ministre de la Justice rappellent que notre pays est un état de droit et qu'il faut sanctionner sans état d'âme les fauteurs, fussent-ils des policiers[22].

Les ministres, eux aussi, devraient penser avec humanité avant de s'inquiéter pour leur fauteuil ministériel et leur marocain.

Pourtant, l'A.C.A.T (Action des chrétiens pour l'Abolition de la Torture), une O.N.G chrétienne contre la torture et la peine de mort enquête sur les violences policières et donnait déjà des chiffres dans un rapport dont le dernier a été publié en 2016.

Ce rapport dénonce avec vigueur l'opacité des autorités sur le sujet, la dangerosité des armes utilisées par les forces de l'ordre et les rares et faibles condamnations des policiers.

En 2016 toujours, le défenseur des droits avait, lui aussi, publié un rapport pour dénoncer l'usage excessif de la force par la puissance publique.

C'est pour cela que devant ce mutisme insupportable, en février 2017, six experts mandatés par le haut-commissariat aux droits de l'homme des Nations unies ont officiellement interpellé le gouvernement français sur « l'usage excessif de la force par la police » concernant trois personnes d'origine africaine : François BAYIGA[23], Adama TRAORE[24] et Théo LUHAKA[25].

La France a répondu en indiquant que les chiffres « pondus » par l'inspection générale de la police nationale étaient à leur disposition et promettait davantage de transparence dans les années à venir[26].

Ce n'est d'ailleurs pas anodin si le haut-commissariat parle de personnes d'origine africaine, car la question se pose de savoir si certains membres de la police sont racistes.

Mais ce n'est pas d'aujourd'hui que la question se pose, puisque Pierre JOXE, ancien ministre de l'Intérieur, disait déjà que pendant la guerre d'Algérie, le recrutement s'était fait en dépit des règles et que la police n'avait plus rien de démocratique.

L'ancien commissaire de police Daniel MERCHAT évoquait même une ambiance « anti-melon » due à la surreprésentation des pieds noirs dans la police et une mémoire revancharde de la guerre qui s'est transmise dans l'institution.

Je crois donc que même aujourd'hui, les comptes ne sont toujours pas soldés. Les anciens de l'OAS et des réseaux « PASQUA » recrutés dans la police après la guerre d'Algérie ont su distiller des idées racistes et nauséabondes qui aujourd'hui sont encore à l'œuvre et se traduisent par une adhésion majoritaire des services de l'ordre aux idées du rassemblement national.

Une petite fraction passe à l'acte et jette le discrédit sur l'ensemble du corps.

Cette impunité laissée aux services de police est couverte par la classe politique au pouvoir.

Il suffit de voir comment le ministère de l'Intérieur et par la même le Premier ministre et le président de la République ont été complaisants avec les débordements policiers dans le cadre des manifestations des gilets jaunes au cours du mois de décembre 2018 parce que cela les arrangeait. Emmanuel MACRON n'a cessé de tenter de faire l'amalgame entre les manifestants et les groupuscules extrémistes ou les voyous venus en marge des manifestations pour tout casser.

Il a parlé de façon globale d'une foule haineuse, justifiant ainsi une violence exceptionnelle des policiers. C'est tout le pouvoir exécutif qui a remis en question le principe constitutionnel du droit de manifester. Cette exception est aujourd'hui devenue la règle puisque les manifestants sont systématiquement traités comme des criminels : contrôle d'identité, fouille obligatoire, arrestations arbitraires et mise en danger délibéré de l'intégrité physique des manifestants.

Depuis toujours, il a été constaté des débordements au cours des manifestations publiques, mais ces violences vont aujourd'hui crescendo. En mai 1968, en 1986, au moment des manifestations sur la loi « DEVAQUET », en 1995 au cours des grandes manifestations contre les lois « JUPPE », ou au moment des émeutes de 2005, dans les banlieues, la police n'avait jamais été aussi brutale et répressive que lors de ces derniers mois.

Quand le gouvernement explique que les incidents qui ont eu lieu dans le quartier des Champs-Élysées, au cours du mois de décembre 2018, ressemblaient à une guerre civile, c'est une insulte à la démocratie ou plutôt une basse manipulation politique afin de discréditer le mouvement des gilets jaunes.

Lorsque Emmanuel MACRON, alors qu'il ne s'est pas encore adressé à son peuple, se rend dans les commissariats de police pour féliciter et soutenir le moral des forces de l'ordre, il prend définitivement parti pour la force et la répression contre les revendications du peuple.

Il envoie un message aux policiers, mais aussi aux magistrats. Il leur montre qu'il soutient la répression.

Ce n'est plus le soi-disant « grand débat démocratique », appelé de ses vœux, celui qui devait réconcilier les Français avec leurs élites.

Certains juges ont réglé leur compte à des manifestants primo délinquants, juste parce qu'ils manifestaient, en privilégiant la présomption de culpabilité à celle de l'innocence.

Cette dérive est extrêmement dangereuse, car elle laisse le champ ouvert aux services de police de réprimer toute réunion publique qui aurait pour vocation de défendre des idées.

Cela renforce les pouvoirs de la police et légitime l'usage illégal de la force.

Il n'est pas étonnant qu'après ce genre de manipulation, on voit depuis une dizaine d'années une montée inquiétante des bavures policières.

Je sais bien, et cela s'est vu au cours du mouvement des gilets jaunes, que les services de police dans leur grande majorité ne cautionnent pas cette façon de faire, mais ils sont aux ordres, car ils ont signé un contrat avec l'état et doivent se soumettre malheureusement à l'autorité légitime.

Le juge d'instruction a traité le dossier de Shaoyao, avec le même dévouement puisqu'il fallait avant tout ne pas remettre en question les pouvoirs régaliens de la police.

J'ai malheureusement arrêté depuis longtemps de promettre à mes clients qu'une justice équitable serait rendue.

Dans ces affaires de bavures policières, c'est bien souvent comme à la loterie, cela dépend de l'objectivité du juge et de son courage.

Même si désormais, grâce aux vidéos et au téléphone portable, il est compliqué de prétendre qu'il ne s'est rien passé, il reste impossible d'obtenir justice contre ces derniers.

En laissant trainer les procédures, l'institution judiciaire table sur le découragement des familles et même lorsque l'état français est condamné par la Cour européenne des droits de l'homme, les hauts magistrats et la chancellerie prennent cela comme un épiphénomène et refusent de se conformer aux règles fondamentales dont la France s'honore d'être la tête de pont, celle du respect des droits humains.

La justice n'a pas de cœur, elle est aux ordres de la puissance publique dont elle se fait désormais la voix. Combien de fonctionnaires seront debout le jour où l'état de droit sera entièrement vidé de sa substance et où de banalisation en manipulation, l'extrême droite aura pris le pouvoir et légitimera totalement ce qui ne sera plus appelé une bavure policière, mais la stricte utilisation de la force au nom de l'ordre.

Je pose cette question, car l'histoire nous a montré que malheureusement la majorité des fonctionnaires a toujours suivi les ordres qui lui étaient donnés et a couvert bons nombre de crimes dans des périodes troublées.

À jouer avec le feu et avec l'équilibre précaire de notre démocratie sans jamais rappeler les grands et vrais principes issus de la constitution, le gouvernement et dans son sillon, l'institution judiciaire laisse la porte ouverte à l'utilisation absolue de la force d'état comme elle existe dans bons nombres de dictatures.

Ne pas condamner les forces de l'ordre, coupables de violences ou pire, revient à institutionnaliser le recours à la force publique illégitime. Un déni de démocratie. Si Shaoyao avait été traité avec dignité et humanité, il ne serait certainement pas mort et sa famille n'aurait pas eu à supporter une humiliation supplémentaire, celle d'une procédure à décharge pour la police et à charge pour les victimes.

Chapitre III

P… D'ÉTAT D'URGENCE ?

L'état d'urgence est une mesure d'exception prévue par une loi de 1955 au début des évènements d'Algérie pour permettre à l'époque au président du conseil, Edgar FAURE, de concentrer tous les pouvoirs entre ses mains afin de gérer une crise exceptionnelle lorsque la sécurité intérieure du pays était en danger. Cet état doit être voté par le parlement (assemblée nationale et sénat).

Depuis la promulgation de la loi, et avant les attentats de novembre 2015, l'état d'urgence avait été voté cinq fois : en 1958 après le coup d'État d'Alger, en 1961 après le putsch des généraux à Alger, en 1984 en Nouvelle-Calédonie, et en 2005 pour mettre fin aux émeutes dans les banlieues.

Ce dernier état d'urgence n'a pas été digéré dans les cités des grandes villes. La jeunesse a définitivement tourné le dos à la République française, parce qu'elle a compris qu'elle a été traitée comme un ennemi de la république. Tous étaient Français et délivraient un message de colère qui a été interprété par le pouvoir en place comme une défiance à l'identité française. Cette exclusion a engagé pour certains d'entre eux sur la voie de la délinquance d'autres, plus radicaux sur la voie du terrorisme.

À partir de 2005, et une fatwa lancée par un illuminé proche de AL BAGHDADI[27], tout musulman devra mener le djihad sur la terre des mécréants avec un couteau, un marteau, une voiture, une arme à feu, une ceinture d'explosifs…. Cette fatwa a eu un écho important dans les quartiers populaires de nos grandes villes.

Un nouveau mode de terrorisme est apparu, celui dit « des loups solitaires ».

Cette fatwa était une déclaration de guerre à l'état Français, guerre menée à l'extérieur de nos frontières en Afghanistan, au

Proche-Orient et au Sahel, guerre menée aussi sur le territoire national puisque des jeunes radicalisés se sont armés pour frapper des civils à tout endroit et à tout moment.

La France n'a pas voulu avouer à sa population que des opérations extérieures étaient menées quotidiennement, conjointement par les armées européennes et américaines sur les terres djihadistes afin d'éliminer des cibles humaines, des familles et parfois même des villages entiers, où pourraient se cacher des combattants considérés par l'occident comme des ennemis de notre civilisation.

Pourquoi ne pas avoir dit aux Français que les conséquences de ces opérations mèneraient à des représailles sur notre territoire ?

L'erreur certaine des autorités françaises a été de ne pas prévenir la population qu'une guerre non conventionnelle menaçait le pays et de ne pas prendre les mesures nécessaires en responsabilisant la population (comme le fait, par exemple depuis sa création, l'État d'Israël).

Cette erreur fondamentale a renforcé la tentative de déstabilisation des démocraties occidentales par ces nouvelles « armées de Dieu » et a mis à feu et à sang pendant plus de dix ans les métropoles européennes, terrorisant les habitants et obligeant l'état à entrer dans le jeu des terroristes.

Sous le prétexte de nous protéger, l'état a violé tous les jours un peu plus les principes républicains, en instaurant pérenne l'état d'urgence. Cela a d'ailleurs favorisé la montée de l'extrême droite et du nationalisme.

Les soldats de l'armée française envoyés sur les théâtres de guerre extérieurs sont naturellement considérés par leurs ennemis comme des combattants, avec la réciprocité qui s'impose. Pourquoi ne pas avoir considéré dès les premiers attentats « ces loups solitaires » comme des ennemis, des soldats au même titre que ceux qui se battent en opérations extérieures ?

Leur statut juridique aurait été bien différent, et il est fort probable que le gouvernement n'aurait pas été obligé de faire voter l'état d'urgence en 2015.

Parallèle doit être fait avec l'état d'Israël qui se considère en guerre avec certains pays ou avec certains groupes, et n'est pourtant pas en état d'urgence permanent. Il ne considère pas ses ennemis comme des délinquants de droit commun, mais bien comme des prisonniers de guerre. Qu'on puisse juger leur politique et ses conséquences comme dévastatrices, il n'empêche que cette différence de statut permet de juger sans restreindre les libertés individuelles de leurs concitoyens.

Accepter ces restrictions, conséquence de l'état d'urgence, est une première victoire pour les djihadistes. Et c'est la seule réponse qu'a su apporter notre gouvernement après les attentats de Charlie Hebdo et du Bataclan.

C'est le mode opératoire pensé par les idéologues islamistes pour déstabiliser les démocraties qui ont permis de brouiller les pistes et de faire croire que les attentats perpétrés sur notre territoire ne l'étaient pas par des soldats, mais par des délinquants ordinaires.

Il suffit de dessiner le profil du parfait loup solitaire pour comprendre le désarroi de la police et de la justice pour traiter et juger cette nouvelle forme de guérilla.

La répression brutale dans le cadre de l'état d'urgence voté le 8 novembre 2005, pour mettre fin aux émeutes dans les banlieues par le président CHIRAC, dans vingt agglomérations et la totalité de l'Île-de-France, couplé avec la fatwa lancée par l'émissaire de AL BAGHDADI, a eu des conséquences dévastatrices.

Ces émeutes n'ont pas été comprises par le pouvoir qui depuis déjà plus de vingt ans, avait fait des banlieues les grandes oubliées de la République.

Elles ont été abandonnées par l'état : délabrement des logements sociaux, suppression des services publics, coupe franche dans les budgets des associations, dans le recrutement des professeurs des écoles et des professeurs des collèges, et enfin dans les transports inter banlieues.

Certains jeunes Français issus de l'immigration se sont retrouvés dans un désœuvrement matériel et culturel total. La délinquance sous toutes ses formes s'est développée de plus en plus rapidement, chassant des quartiers les dernières familles qui résistaient. Ces quartiers ont été laissés à des petits caïds qui se sont très vite enrichis grâce au trafic d'armes et de stupéfiants.

Ces jeunes, issus souvent d'autres cultures et d'autres religions, auraient dû être la priorité du modèle d'intégration.

Mais ce qui est encore plus grave c'est que cette absence d'éducation, que Jules Ferry avait voulu obligatoire pour tous, permettait de rappeler que la France était un pays démocratique et laïque. Ce principe de laïcité gravé dans la loi de 1905 et qui prévoit une stricte séparation entre les églises et l'état n'a plus été enseigné dans ces quartiers.

En oubliant cette règle fondamentale et en laissant à l'abandon sa population, la France a donné une chance extraordinaire aux islamistes de venir faire leur marché de mort.

Le mode opératoire était alors très simple, même si bien évidemment il existe des différences entre Mohamed MERAH[28] issu du quartier du Mirail à Toulouse, les frères KOUACHI[29] issus des cités du 19e arrondissement de Paris, Ahmed COULIBALY[30] issu d'une cité de Juvisy-sur-Orge, Salah ABDESLAM[31] issu du quartier Molenbeek proche de Bruxelles, ou plus proche de nous le jeune homme qui a décapité Samuel PATY[32], les ennemis de la République ont envoyé des imams prêcher dans les mosquées des quartiers.

Des jeunes délinquants, pour certains voulant échapper à la prison, ont été approchés par ces imams qui n'ont pas eu grande difficulté à les enrôler.

La vie qu'ils avaient connue depuis leur naissance dans ces quartiers avait attisé leur haine contre la République française, couplée à l'ignorance de la liberté que leur offraient les lois sur la laïcité.

Ces attentats meurtriers ont été perpétrés à quelques kilomètres de nos grandes métropoles. Si la République n'avait pas abandonné le terrain, des policiers issus du rang, mais aussi des R.G. (Renseignements généraux) et de la D.S.T. (Direction de la Surveillance du Territoire) auraient pu savoir que les mosquées des cités sensibles recrutaient des voyous, dealers de shit, souvent condamnés par une justice sourde à la détresse sociale des banlieues. Ils auraient pu alerter pour éviter que des imams ne leur proposent une identité culturelle et cultuelle.

Ces jeunes ont été jetés depuis bien longtemps hors de la « famille France », ils ont trouvé là une nouvelle famille. La plupart ont été envoyés dans des « madrassas[33] » au Pakistan ou en Afghanistan, et, pour les plus courageux, envoyés sur les terrains d'opérations militaires en Syrie.

Ils sont devenus en quelques mois enragés, suite à un lavage de cerveau complet qui a été opéré sur le terrain ou à travers les réseaux sociaux.

L'histoire de Yassine, un parfait petit combattant de Dieu illustre parfaitement la façon dont nos ennemis s'y sont pris pour venir recruter des soldats qui retourneront leurs armes contre leur propre pays.

Aujourd'hui, marié, père de deux enfants, Yassine vit à Vénissieux, ville dortoir de la banlieue de Lyon. Il a ouvert un « Kebab » et fait vivre sa famille comme tout un chacun.

En 2010, âgé de vingt-trois ans il est devenu un de ces loups solitaires, bras armé du djihad. Il trainait jusqu'alors sa carcasse de petit dealer de shit.

Il avait quitté l'école à 15 ans, il voulait offrir à sa mère tout ce qu'elle n'avait jamais eu. Elle avait rejoint son mari en 1978 qui travaillait en France sur les chantiers du nouveau Lyon. Elle ne parlait pas un mot de Français, elle ne parle toujours pas notre langue. Elle est restée à la maison pour élever ses six enfants.

Yassine était le troisième de la fratrie, ces deux sœurs ainées étaient médecins et ingénieures en informatique, elles avaient déménagé du quartier depuis longtemps. Les trois derniers, étaient encore au lycée ou à l'université. Le mouton noir était vraiment Yassine, question de fréquentation et d'environnement.

Son père partait tôt le matin et lorsqu'il revenait du travail au milieu de l'après-midi, il était hors de question que des cris d'enfants l'empêchent de se reposer. Alors, ils étaient dehors jusqu'à l'heure du dîner. Des grands voyaient en ces jeunes de très bons « chouffeurs », puis de très bons dealers. Tout le monde y trouvait son compte. Il pouvait ramener des cadeaux à sa mère. Une vraie caricature, me direz-vous et pourtant…

Six heures du matin, les policiers défoncent la porte de l'appartement, une minutieuse perquisition commence, cinq tablettes de 100 grammes sont saisies dans le tambour de la machine à laver. Garde à vue, détention provisoire, jugement, 18 mois de prison.

Lorsqu'il revient dans le quartier, on prépare le ramadan. Il va à la mosquée avec son père, c'est la première fois. Il veut faire amende honorable, parce que la religion, ce n'est pas son truc. Il rencontre un imam, avec une longue djellaba et une longue barbe. Il ne prêche pas, il raconte la vie. Il n'a que faire des sourates du coran, il fait venir à lui les brebis égarées.

Yassine s'avérera un bon petit mouton, il est prêt pour le grand saut. Il sait qu'il doit sortir de la délinquance, il sait aussi qu'il n'a pas de diplôme, mais il doit donner un sens à sa vie, gagner l'honorabilité pour rendre ses parents fiers et trouver une épouse. Alors quand l'imam lui promet des lendemains qui chantent, il accepte de venir deux fois par semaine à l'école coranique, il se laisse pousser la barbe, change de vêtements, arrête de boire et de fumer, fait sa prière cinq fois par jour et rêve du pèlerinage à La Mecque. Est-ce qu'il aurait enfin trouvé un supplément d'âme à son quotidien misérable ?

Bien sûr que non, Il découvre des « chats » ouverts à tous où des imams radicaux parlent du jihad, où des combattants parlent de leurs guerres en Afghanistan et en Syrie.

Il passe son temps à « chater » avec des soi-disant puristes de l'islam, non pas qu'ils étudient le coran, mais l'interprètent pour justifier la charia.

Ses nuits et jours sont occupés à regarder des centaines de vidéos où l'on décapite des « mécréants », et où l'on voit les exactions perpétrées par l'armée israélienne en Cisjordanie.

La haine monte en lui, il se sent devenir soldat. Il sait que la France est en guerre contre l'islam radical, et devient un résistant clandestin en son pays.

La guerre contre l'occident est la seule issue pour être accueilli au paradis, il finit par y croire. Il veut en faire partie, faire allégeance à l'armée de Dieu. Il a pour ordre de se battre sur un terrain connu, alors ce sera le Maroc, le pays de ses parents.

Le 2 janvier 2011, il part, trois compagnons enrôlés tout comme lui seront du voyage. Il s'envole vers le petit village de son enfance.

Il s'enferme dans la maison familiale. Les jours et les nuits sont rythmés par la prière, les vidéos, les « chats » et d'autres choses qu'il n'a jamais voulu révéler au juge. Des traces d'explosifs seront retrouvées dans la maison. Ils partent pour Marrakech le 28 avril 2011, déguisés en hippies chics.

La justice démontrera qu'il a participé à la préparation de l'attentat perpétré place Djemâ'a el-Fna. Ce jour-là, deux cocottes minute remplies de clous ont explosé devant le café de « l'Argana », haut lieu du tourisme occidental. L'attentat a fait 17 morts.

Arrêté peu de temps après par les policiers marocains Yassine sera livré aux autoritaires Françaises. Parce qu'il est Français, il sera jugé en France, pays dans lequel ses droits fondamentaux seront respectés. Il est mis en examen par un juge antiterroriste pour association de malfaiteurs en vue d'une entreprise terroriste. Les enquêteurs comprendront très vite qu'il n'est pas l'auteur direct des faits perpétrés par un dénommé Adil. De petit dealer de shit, il est devenu terroriste international.

Il me dira du fond de son parloir que du jour où il a été arrêté par la police marocaine, il a compris son erreur. Il pensait avoir trouvé avec la religion un sens à sa vie et une manière d'expier ces fautes et de s'amender auprès de son père.

Il a été condamné à six ans de prison. Yassine a bien compris sa peine et c'est d'ailleurs ce qui lui a permis de s'amender.

Mais, ces condamnations fussent-elles sévères permettent-elles à la société Française, de comprendre, de prévenir et d'agir face à d'autres Yassine ? Face à des hommes qui se considèrent comme des soldats islamistes et pensent apporter une réponse sanglante aux frappes occidentales contre leurs frères d'armes à l'étranger, ne faudrait-il pas penser autrement notre justice ?

Ils exportent la guerre en occident comme les soldats de la coalition en opération extérieure. Un terroriste qui aurait perpétré un attentat assimilable à un fait de guerre peut-il être considéré comme un délinquant de droit commun ?

Il s'agit là d'un sujet si délicat lorsque l'on se rappelle les sanctions prises par les tribunaux militaires d'exception pendant la guerre d'Algérie. Mais pourtant, il faut bien faire face à nos contradictions et accorder le statut de soldats à ceux qui sont devenus le bras armé de nos ennemis.

Après que des attentats meurtriers aient endeuillé la France, la réponse politique choisie par l'état français a été la mise en place de l'état d'urgence. Était-ce la bonne solution ? Je ne sais pas, mais il restreint les libertés individuelles et n'empêche pas les soldats français de continuer la guerre en Afrique et au Moyen-Orient.

Après le 13 novembre 2015, et les événements meurtriers du Bataclan qui ont fait cent cinquante morts et quatre cent treize blessés, l'état, en réponse à la terreur, a dû frapper fort.

Comment faire la guerre à un ennemi invisible et insaisissable ? La réponse : l'état d'urgence a été instauré.

En faisant ce choix, la France s'est déclaré la guerre à elle-même en mettant en péril les fondements de la république et en faisant exactement le jeu des terroristes.

L'équilibre précaire que recherchent les démocraties entre garantie des libertés individuelles et sauvegarde des libertés publiques engendre des dérives telles que l'état d'urgence. La démocratie dévoile ses faiblesses et ses limites. Pourtant, il pourrait en être autrement. La loi sur l'état d'urgence n'était pas une fatalité.

C'est une mesure exceptionnelle et transitoire, pouvant être décidée par le conseil des ministres, soit en cas de péril imminent résultant d'atteintes graves à l'ordre public, soit en cas de calamité publique (catastrophe naturelle d'une ampleur exceptionnelle).

Il permet de renforcer le pouvoir exécutif, le gouvernement, la police et l'armée et de restreindre certaines libertés publiques ou individuelles pour des personnes soupçonnées d'être une menace pour la sécurité publique.

La durée initiale prévue par la loi est de douze jours. Sa prolongation doit être autorisée par le parlement. Ce vote autorise le préfet ou le ministre de l'Intérieur à limiter ou interdire la circulation dans certains lieux ; interdire certaines réunions ou fermer provisoirement des lieux publics ; réquisitionner des personnes ou des moyens privés ; autoriser des perquisitions administratives ; interdire de séjour certaines personnes ; prononcer des assignations à résidence.

L'état d'urgence est donc un poison mortel pour la démocratie. Paradoxalement, il est censé être utilisé par le président de la République que lorsque la démocratie est en danger. Quelle ironie !

Depuis la promulgation de cette loi en 1955 et avant les attentats de novembre 2015, l'état d'urgence a été voté à cinq reprises.

Mise entre des mains peu scrupuleuses, avides de pouvoir, l'état d'urgence peut devenir une vraie dérive autoritaire.

Le monde regarde la France et s'interroge. Plus précisément, des experts de l'ONU et pas n'importe lesquels, Madame FIONNUALA NI AOALIN, rapporteuse spéciale des Nations-Unis sur la protection des droits de l'Homme, et Monsieur Michel FORST, rapporteur spécial sur les défenseurs des droits de l'homme ont rappelé que la France devait honorer ses engagements et obligations internationaux en matière de droits humains et qu'il leur semblait impossible de perpétuer les mesures d'urgence introduites en 2015, et d'établir ainsi un état d'urgence permanent.

Madame NI AOLIN avertit : *« La normalisation par cette loi des pouvoirs d'urgence risque de menacer gravement l'intégrité de la protection des droits en France, tant dans le cadre de la lutte contre le terrorisme que plus largement ».*

Les deux experts de l'ONU se posent des questions sur ce que les Français entendent par les notions de terrorisme et de menaces pour la sécurité nationale. Ils pensent que cela est dangereux pour la démocratie de donner des pouvoirs exorbitants aux autorités exécutives.

Ils condamnent le fait de donner aux autorités non judiciaires, en particulier aux préfets et la police, des pouvoirs discrétionnaires entendus, et affirment que d'élargir l'application des pratiques de contrôle peut avoir des répercussions néfastes sur les droits de chacun et en particulier, discriminatoires pour les personnes de confession musulmane.

Après les attentats du « Bataclan », le 19 novembre 2015, l'Assemblée nationale a une nouvelle fois voté à la quasi-unanimité l'état d'urgence.

Le parlement n'aura plus aucune information sur les décisions prises par le gouvernement pendant l'état d'urgence, plus de votes parlementaires.

Elle permet au ministre de l'Intérieur et aux préfets d'ordonner des perquisitions en tout lieu de jour comme de nuit.

N'importe qui peut être assigné à résidence sur simple décision administrative sans contrôle d'un juge.

Cette loi sera prolongée deux fois élargissant au passage l'éventail des mesures liberticides.

Comme on pouvait le craindre, une fois sortie de l'état d'urgence, le parlement a voté une loi qui a repris à son compte bon nombre des mesures prises pendant cet état exceptionnel. Une nouvelle étape dans la centralisation des affaires de terrorisme !

Le 30 octobre 2017, la loi sur la « sécurité intérieure » recycle certaines des dispositions de l'état d'urgence pour les intégrer au droit commun (perquisition de nuit, création du fichier S…).

En 2019, à l'initiative du président MACRON, le Parquet national antiterroriste (PNAT) est créé. Le législateur a ainsi permis la naissance d'un parquet dédié à la lutte contre le terrorisme, qui serait une « véritable force de frappe judiciaire antiterroriste ». Le bien-fondé de la mise en place de ce parquet, reste cependant à discuter, car elle cantonne le sujet de l'antiterrorisme dans le domaine de l'exception judiciaire.

Le Conseil d'État dira que « la création d'un parquet national antiterroriste n'est pas sans présenter un risque d'isolement des magistrats affectés à ce parquet avec l'inconvénient de perdre la perception des liens entre la petite délinquance et le terrorisme, en particulier dans les parcours de radicalisation… »

Traduction : La concentration des pouvoirs entre les mains d'un seul magistrat isolé qui enquête sur les réseaux du terrorisme international passera forcement à côté des loups solitaires qui sont recrutés le plus souvent sur le territoire Français dans le milieu de la petite délinquance. Ce nouveau parquet d'exception, indépendant des autres procureurs, se trouve de fait aux ordres du pouvoir exécutif compénétrés qu'il est par les hautes sphères policières anti-terroristes.

Cette violation de la séparation des pouvoirs a pour mission de réprimer au risque d'abimer le principe intangible des libertés individuelles.

Les investigations, on l'a compris, ne sont plus soumises au visa du juge, mais sont prises par le procureur qui missionne l'autorité administrative, c'est-à-dire la Police, sans aucun contrôle ni contre-pouvoir.

Cette surenchère de mesures liberticides orchestrées dans la plus grande opacité est une étape supplémentaire à la soif d'autorité du pouvoir exécutif.

Même si le monde, et plus particulièrement l'Europe, dessine d'un trait violent une montée spectaculaire de l'extrême droite et des fondamentalismes religieux, la France doit demeurer exemplaire, dressée sur ses ergots et brandir aux yeux du monde entier qu'elle reste le pays des droits humains. Mais pourquoi restreindre les libertés individuelles au mépris de l'essence même de l'homme ? Pourquoi ne pas envisager une solution médiane ?

Je me souviens que le 16 novembre 2015, quelques jours seulement après les attentats sanglants du 13 novembre, Robert Badinter disait déjà : *« L'état de droit, ce n'est pas l'état de faiblesse. »* Et il s'empressait d'ajouter : *« Mais la première exigence, c'est de maintenir les valeurs fondamentales de notre démocratie, et s'il ne faut pas hésiter à prendre des mesures nouvelles, ce doit être toujours à la condition qu'elles ne méconnaissent jamais ce qui est au cœur de notre société, c'est-à-dire, les droits de l'homme. »*

Malgré la douleur, et devant la France meurtrie, Robert BADINTER rappelle l'essentiel.

Si la sécurité de tous est une exigence fondamentale pour la survie de la démocratie, une politique sécuritaire ne doit jamais se développer au prix du reniement des valeurs républicaines.

Prendre des mesures qui restreignent les libertés individuelles pourrait éventuellement s'envisager si cette loi était accompagnée de garde-fous protégeant les droits des citoyens.

Malheureusement, la lutte contre le terrorisme depuis les années 80 et ce jusqu'à la création de ce parquet national antiterroriste n'a fait que montrer son impuissance à traiter le problème.

Aujourd'hui, a surgi un nouveau profil de terroristes, il ne s'agit plus d'organisations structurées entrainant des hommes à mourir au nom de Dieu, mais de personnes désœuvrées, connues des services de police et de la justice pour de petits larcins. Ils trouvent, un jour, en passant la porte de la mosquée, un sens à leur vie.

En visitant des chats de mise en relation avec des soldats du soi-disant état islamique, l'ordre leur est donné de se munir de n'importe quelle arme et de frapper à n'importe quel endroit, au jour et à l'heure où ils l'auront décidé.

On comprend que ce n'est pas en renforçant de cette façon les pouvoirs de la police que ces nouveaux terroristes pourront être identifiés.

Si l'on devait répondre à la question toute simple de savoir ce qu'est cette nouvelle loi anti-terroriste, si elle aurait pu changer le cours de l'histoire, et éviter ainsi le drame de Marseille au cours duquel Ahmed HANACHI[34] a poignardé sauvagement au nom de Allah deux femmes à la gare St Charles de Marseille, la présidente de la commission des lois, Madame Yaël BRAUN -PIVET, a eu l'honnêteté intellectuelle de répondre : « malheureusement rien ».

De même, Mohamed LAHOUAIEJ-BOUHLEL [35] , l'homme qui a lancé un camion sur la promenade des Anglais à Nice au cours des fêtes du 14 juillet 2017, en tuant des centaines de personnes, n'était pas non plus dans les radars de la DCRI (Direction Centrale du Renseignement Intérieur).

Quels moyens pourraient être mis en œuvre pour protéger les populations contre ces loups solitaires ? Quelles seraient les solutions en dehors du tout répressif, comme le préconise la loi du 30 octobre 2017, pour tenter de repérer et d'éviter que des attentats puissent être commis sur le territoire Français ?

Comment arrêter « Monsieur tout le monde » lorsqu'en quelques semaines, il peut se métamorphoser en diable criminel ?

Il faudrait avoir la possibilité de sonder les âmes, d'entrer dans les familles, et plus sérieusement, de tisser un maillage très serré entre les renseignements généraux (RG), ancien service de police qui avait pour mission de se fondre dans la population afin de connaitre son humeur jusque dans les plus petits villages Français et un service de police de proximité, proche de la population notamment des pères, des grands frères, et même des imams. Ces policiers pourraient alors faire remonter aux services spécialisés les renseignements qu'ils pourraient glaner jour après jour sur le dérapage ou la déviance de certains individus susceptibles de devenir apprentis terroristes.

Malheureusement, les renseignements généraux ont été absorbés par la direction de la surveillance du territoire (DST), pour faire un service commun aujourd'hui appelé direction centrale du renseignement intérieur (DCRI).

Les fonctionnaires des renseignements généraux ont vu leurs prérogatives cesser au profit d'un renseignement bien plus large dans lequel les fonctionnaires de l'ancienne DST travaillaient. La lutte ne s'est plus dirigée à partir de la compréhension réelle des populations, mais de la compréhension des mouvements religieux et politiques. Erreur fondamentale qui a coupé la police de sa population.

La police de proximité a été purement et simplement supprimée par Nicolas SARKOZY, pensant qu'il valait mieux « carchériser les banlieues » plutôt que d'y laisser des hommes pour y installer un climat de confiance obtenir de précieux renseignements. Cette désertion de la police a justement permis à certains leaders (petits caïds ou imams radicaux) de prendre le pouvoir dans les quartiers.

L'état a opéré une dérive autoritaire et cette politique n'a eu pour but que de ficher des hommes et des femmes et ainsi jeter la suspicion sur tous et en particulier la communauté musulmane, comme si le pouvoir avait besoin de fracturer un peu plus la population. Selon le cliché : « diviser pour mieux régner ».

En effet, dans la loi du 30 octobre 2017, aucun article n'aborde l'idée de prévention. L'homme n'est jamais mis au centre du dispositif, les juges doivent fonctionner comme des robots, juger, condamner, faire emprisonner le plus longtemps possible, éliminer et laisser la prison radicaliser ces terroristes en herbe.

Si l'on considère que le risque terroriste est élevé et qu'il le restera longtemps, le maillage très serré dont je parle est indispensable. Mais pas seulement, il faudra aussi renforcer le tissu associatif, sensibiliser les professeurs des écoles, des collèges et des lycées, donner les moyens aux éducateurs de rues et lancer un grand programme dont bon nombre de nos jeunes auraient besoin, enfin mettre au cœur du système une psychiatrie en milieu ouvert pratiquée par des médecins motivés et chevronnés.

Il est scandaleux que des moyens toujours plus importants soient mis au service de la police au nom de la lutte contre le terrorisme, alors que le budget du ministère de la Justice concernant la prévention de la délinquance diminue chaque année. Les pouvoirs publics savent parfaitement que certains de ces petits délinquants risquent à tout moment de se radicaliser et de devenir le bras armé d'islamistes radicaux.

Pour preuve, la protection judiciaire de la jeunesse (PJJ) voit réduire d'année en année ses moyens, et dans le budget de 2018, seuls quarante éducateurs supplémentaires ont été affectés à la P.J.J.

Ugo BERNACICIS, député de La France Insoumise du Nord, appelle de ses vœux la généralisation de cellules d'écoute et de numéros verts gérés par des associations. Ils existent déjà dans certains départements et cela fonctionne. Aujourd'hui, tout jeune qui chatte sur les réseaux sociaux, qui regarde des vidéos peut se trouver déstabilisé par la propagande djihadiste.

Il n'a aucun moyen de faire appel à une cellule pour pouvoir discuter et appeler au secours avant qu'il ne se radicalise.

Ces mesures ne seraient efficaces que pour quelques jeunes, et alors ? Ce serait toujours plus efficace que la réponse judiciaire. Je la connais, elle pousse tous ces jeunes dans la prison, elle les isole. Certains détenus les prennent en charge et les radicalisent. Lorsqu'ils sortent, ils sont devenus de vrais terroristes. Les frères KOUACHI et COULIBALY s'étaient rencontrés en prison !

Mais les moyens de la justice ne sont pas plus importants que ceux de la P.J.J. et son rôle est aussi fondamental dans la prévention et dans le traitement de la lutte antiterroriste.

La justice antiterroriste est centralisée au tribunal judiciaire de Paris. Elle se compose de vingt-quatre magistrats, dont treize à l'instruction et onze au parquet.

Si le budget du ministère de la Justice est en hausse de 3,9 % cette année, la lutte contre le terrorisme n'y apparait pas comme une réelle priorité.

Les services de probation et d'insertion qui assurent le suivi des détenus en prison, n'a bénéficié en 2021 que de cent cinquante emplois supplémentaires pour 70 000 détenus. Les surveillants de prison dédiés au renseignement pénitentiaire, qui tentent d'obtenir des informations sur l'élaboration de plans par des futurs terroristes, ont vu leurs effectifs augmenter simplement de trente-cinq unités.

Enfin, le dernier grand absent de cette loi est le volet concernant le financement du terrorisme international. Rien n'est dit, rien n'est écrit sur l'évasion fiscale ni sur le blanchiment d'argent, qui permettent de financer les attentats terroristes dans le monde entier. Il est incompréhensible que la loi n'ait même pas mis en place des mesures pour lutter efficacement contre l'argent qui transite souvent par des comptes de banques nationales vers des paradis fiscaux ou des banques moyen-orientales, et dont on sait pertinemment qu'il pourra servir à financer des actions terroristes.

Il est aberrant de penser que les services des douanes, qui sont là pour détecter la présence potentielle d'armes ou d'explosifs ou encore de sommes d'argent, expliquent par l'intermédiaire de leurs représentants syndicaux que seul 1 % des marchandises du port du havre sont contrôlées.

On pourrait se demander si ces milliards de dollars accumulés par la vente de stupéfiants, d'armes, de cigarettes et l'exploitation de puits de pétrole par les réseaux terroristes n'intéressent pas certains pays occidentaux. Il a été dit que certains états avaient acheté à bas coûts à l'état islamique du pétrole et des armes. Le trafic de stupéfiants via l'Afghanistan qui exporte 90 % de l'héroïne dans le monde rapporte aux trafiquants le plus souvent soumis aux islamistes radicaux des sommes d'argent extrêmement importantes qui sont déposées sur des comptes numérotés dans des paradis fiscaux et font le bonheur du système financier mondial, y apportant ainsi du « cash » pour faire tourner l'économie et notamment l'économie des pays pauvres.

On se pose souvent la question de savoir à qui profite le crime, et l'on s'aperçoit encore une fois que l'intérêt économique de certains prévaut sur la lutte efficace contre le blanchiment de l'argent généré par les trafics liés au terrorisme.

L'état d'urgence et la loi du 30 octobre 2017 ont trahi la plupart des règles fondamentales qui régissent notre Code Pénal. En effet, l'article 2 du code pénal disposait que « Nullum crimen, nulla poena, sine lege ». Pas de peine, pas de crime sans loi. Ce principe était intangible. Un juge ne peut pas condamner si les faits qu'il a à juger ne sont pas prévus par la loi.

C'est pourquoi, par défaut, les terroristes condamnés en France sont jugés pour des faits d'association de malfaiteurs en vue d'une entreprise terroriste.

Pour précision, la définition de l'association de malfaiteurs est la mise en place d'un groupement ou d'une entente en vue de commettre un crime ou un délit. L'entreprise terroriste, correspondrait à une association dans le but de commettre des attentats sur le territoire Français.

Les terroristes jugés en France, ceux qui ont commis des attentats sur le territoire Français, ont souvent agi en solitaires et ne peuvent être considérés comme ayant formé un groupement ou une entente pour commettre un crime.

Cela peut sembler un détail, mais dans le souci de la stricte interprétation de la loi, il est de taille.

De la même façon, les jeunes Français partis combattre en Irak en 2003 ou plus récemment les femmes et les hommes partis combattre aux côtés de l'état islamique n'ont pas formé un groupement ou une entente en France pour commettre des crimes, simplement parce que les faits qu'on leur reproche ont été commis à l'étranger.

La qualification d'association de malfaiteur prévu par la loi n'est pas adaptée : les crimes qu'ils commettent devraient être jugés à l'étranger et ils ne font pas partie d'un groupement ou d'une entente formée en France. Il est incompréhensible que des tribunaux acceptent de juger et se soumettent au nom de la sécurité nationale du pays au « diktat » du pouvoir exécutif. Séparation des pouvoirs !

En jugeant hors la loi, loi qui doit être la même pour tous, les juges trahissent le pacte républicain qui unit les citoyens et n'a pour but que d'éliminer ces criminels de la société.

Dans « Surveiller et punir », Michel FOUCAUD rappelle que la peine a bien une fonction d'élimination de la société tout en affirmant que cette élimination n'est pas une fin en soi, mais juste un moyen transitoire pour sortir de la crise.

Dans cet état d'urgence délétère, ce n'est donc plus l'individu que l'on juge, mais exclusivement son crime.

Si les terroristes sont considérés comme des délinquants, alors ils doivent être traduits devant un tribunal de droit commun et c'est à la justice de faire son œuvre dans le cadre d'une instruction judiciaire, et d'un procès équitable. C'est là que les juges doivent montrer leur indépendance et leur grandeur.

Ils n'ont ni le droit d'accepter d'être le bras armé de la hiérarchie policière, ni d'exercer leur fonction avec comme seule idée de réprimer pour venger le pays.

Leur mission n'est pas de faire des exemples et satisfaire le pouvoir. Ils ont comme devoir de réfléchir à la meilleure solution pour éviter la récidive. Cela passe par une réflexion et une construction jurisprudentielle sur les peines les plus équitables et après condamnation, adapter des aménagements permettant une réelle réinsertion.

Peut-on imaginer une justice dans laquelle des juges démissionneraient et diraient que les hommes qu'ils ont à juger sont irrécupérables ?

Si cela advenait un jour, cela ouvrirait la porte à tous ceux qui attendent le retour de la peine de mort. La justice aurait définitivement échoué et s'en serait fini de la démocratie.

Essayons de poser le problème autrement. Ne faudrait-il pas considérer ces terroristes comme des prisonniers de guerre parce que soldat de l'armée islamiste ? Si l'occident est en guerre contre l'orient radicalisé, il faut le dire, et faire bénéficier les prisonniers terroristes non pas d'un statut de droit commun, mais d'un statut de prisonniers de guerre comme le prévoit la Convention de Genève.

Cette convention a été signée le 12 août 1949. Elle organise le statut des prisonniers de guerre. On entend par là ceux qui sont capturés dans le cadre de conflits armés internationaux comme ceux qui sont capturés dans le cadre de conflits armés non internationaux.

Pour les Français partis se battre à l'étranger aux côtés d'armées considérées comme terroristes et qui reviennent en France, il semble à la lecture de la troisième convention de Genève que le statut de prisonnier de guerre leur soit applicable puisqu'il faut que la personne qu'elle tend à protéger ait été capturée lors d'un conflit armé international.

Tous les combattants français interpellés sur le territoire au retour de zones de combat à l'étranger ne sont pas considérés comme des prisonniers de guerre, mais bien comme des prisonniers de droit commun.

Ils ne peuvent alors bénéficier du statut prévu par la convention de Genève.

Ceci parait totalement incohérent dans la mesure où le droit français les condamne sur le fondement de lois internes qui ne leur sont pas applicables.

L'état français s'honorerait de respecter le droit international humanitaire.

En revanche, la question est plus épineuse lorsque des terroristes commettent des attentats sur le territoire Français. Ils se considèrent comme des soldats et le revendiquent.

Rien n'a jamais réglé sur le sort de ces « soi-disant combattants ». Ils ne sont évidemment pas considérés comme des prisonniers de guerre.

Le problème que pose cette situation hors norme est incontestablement l'un des plus complexes et aigu du droit humanitaire.

Cette question de l'élargissement du droit de Genève à des prisonniers participants à des troubles intérieurs avait déjà été débattue bien avant 1949. Des actions humanitaires de la Croix Rouge s'étaient déployées dans certains conflits de ce type, mais aucune règle n'avait pu voir le jour.

Il faut bien mesurer ici l'enjeu politique que cela représente. Les gouvernements ont toujours été très hostiles à cet élargissement y voyant une immixtion dans leurs affaires intérieures susceptibles, selon eux, de légitimer les actions terroristes.

Et pourtant, compte tenu du nombre de victimes (attentats de Saint Michel-Port Royal en 1995 ou du Bataclan en 2015), je pense que les conflits internes ne doivent plus être tenus à l'écart du droit international humanitaire.

C'est d'ailleurs ce que l'article 3 commun aux quatre conventions de Genève dispose puisqu'il est tout entier dévolu à régir ce type de situation :

« En cas de conflit armé ne présentant pas un caractère international et surgissant sur le territoire de l'une des Hautes Parties contractantes, chacune des Parties au conflit sera tenue d'appliquer au moins les dispositions suivantes :

1. Les personnes qui ne participent pas directement aux hostilités, y compris les membres de forces armées qui ont déposé les armes et les personnes qui ont été mises hors de combat par maladie, blessure, détention, ou pour toute autre cause, seront, en toutes circonstances, traitées avec humanité, sans aucune distinction de caractère défavorable basée sur la race, la couleur, la religion ou la croyance, le sexe, la naissance ou la fortune, ou tout autre critère analogue. À cet effet, sont et demeurent prohibés, en tout temps et en tout lieu, à l'égard des personnes mentionnées ci-dessus :

- *a. les atteintes portées à la vie et à l'intégrité corporelle, notamment le meurtre sous toutes ses formes, les mutilations, les traitements cruels, tortures et supplices*
- *b. les prises d'otages ;*
- *c. les atteintes à la dignité des personnes, notamment les traitements humiliants et dégradants ;*
- *d. les condamnations prononcées et les exécutions effectuées sans un jugement préalable, rendu par un tribunal régulièrement constitué, assorti des garanties judiciaires reconnues comme indispensables par les peuples civilisés. »*

À la lecture des travaux préparatoires de ce texte, le conflit armé non international, (attentats terroristes commis en

France), se présente en définitive comme un conflit aux allures internationales à perpétrer à l'intérieur d'un état.

Dans la rédaction initiale de la convention de Genève, les terroristes qui commettaient des attentats sur le territoire national étaient considérés comme des prisonniers de guerre.

Malheureusement, devant la pression des états, victimes d'attentats terroristes, cette question des conflits non internationaux a été supprimée de l'article 3 de la convention de Genève et s'en a été fini de la prise en compte des terroristes par le droit international humanitaire. Il s'agit là d'une grave erreur.

Pour illustrer les conséquences de cette décision, il suffit de se souvenir des déclarations de Salah ABDESLAM, jugé devant la Cour d'Assises spéciale de Paris pour avoir commandité les attentats du Bataclan.

Il n'est pas question de lui trouver ici une quelconque circonstance atténuante. Il n'en demeure pas moins que le récit qu'il a fait à l'audience de ses conditions de détention au cours de son interrogatoire le 3 novembre 2021 a laissé la cour d'assises muette. Choquée, pour la première fois depuis le début du procès, la cour d'assises a pris conscience de à l'inhumanité du traitement qui lui était réservé en prison. Le malaise était palpable.

Il est détenu à l'isolement, surveillé 24 heures sur 24 par des caméras, ne rencontre aucun autre détenu lorsqu'il est déplacé au sein de la détention.

Il bénéficie d'une promenade dans une cour de moins de 9 m2 grillagée de toutes parts, ne lui permettant pas de voir la lumière du jour.

À chaque promenade, les surveillants rentrent en cachette dans sa cellule pour y déplacer ses affaires ou pour changer les horaires de sa montre afin de le rendre fou et lui faire perdre ses repères spatio-temporels, pratique courante dans les rangs des tortionnaires.

Est-il vraiment nécessaire d'infliger à un accusé un traitement inhumain et dégradant ?

Il est évident que s'il avait été fait application de l'article 3 initial de la convention de Genève, quelle que soit la monstruosité de son crime, les autorités françaises n'auraient pas pu traiter ABDESLAM en détention de cette manière.

En agissant de la sorte, l'administration pénitentiaire attise les haines au sein de la détention et « victimise » les terroristes qui trouvent là un terrain favorable pour radicaliser les plus vulnérables.

L'état français, en refusant de dénoncer ce genre de pratique, se rend complice de son administration et ne réalise pas l'effet délétère qu'il génère auprès des jeunes des cités qui chercheront à se venger de la société pensant avoir été laissée sur le bord du chemin.

Comment faire alors pour garantir d'un côté la cohésion sociale de notre société républicaine, et d'un autre côté les libertés individuelles de chaque citoyen, gage d'une démocratie moderne ? Comment combattre efficacement l'islam radical sans être obligé de laisser perdurer un état d'urgence permanent ?

La France est bien en guerre, non pas contre un ennemi invisible, mais contre des hommes et des femmes qui ont juré la destruction de notre civilisation

Les autorités de notre pays devraient avoir le courage de prendre des mesures préventives et répressives tout en respectant scrupuleusement le droit international humanitaire.

La France doit s'honorer de respecter les préceptes d'une république laïque et démocratique, respectant les droits humains tout en restant vigilant à sa sécurité intérieure.

Elle resterait une démocratie de premier plan avec un engagement profond et permanent pour la défense de l'état de droit. Elle serait est un exemple pour le reste du monde dans sa gestion de la menace terroriste et ce, sans mettre en péril ses engagements internationaux.

Il ne faut plus que le gouvernement joue sur la peur irrationnelle du peuple pour lui voler ses libertés et pour fracturer les liens sociaux et religieux qui sont la richesse de notre pays.

Car il ne faut jamais rogner sur la démocratie et ce n'est que collectivement que nous pourrons la défendre. C'est justement parce que le projet fondamentaliste et terroriste vise à l'effondrement de nos fondations les plus profondes que nous ne pouvons accepter de remettre en cause nos valeurs sous prétexte de les combattre.

Chapitre IV

LE TRIBUNAL EN BÉTON

Je ne sais pas si « c'était mieux avant ». Je ne voudrais pas être taxé de « vieux con » par les jeunes générations d'avocats pénalistes, mais il me semble que depuis près de quinze ans le palais de justice s'est beaucoup transformé.

Il est déjà dix heures, je viens d'arriver au palais, je suis jeune avocat, angoissé comme toujours d'être en retard. Je suis attendu dans le bureau du Juge d'Instruction à dix heures quinze pour assister un client ; il est interrogé par un magistrat sur des vols à mains armés et une association de malfaiteurs. Mon client est un professionnel de la délinquance. Depuis son adolescence, son choix est fait. Il ne sera pas médecin ou avocat, plombier ou menuisier, il sera braqueur de banques. Du plus loin qu'il se rappelle, il vit pour cela : le prochain coup, l'idée, la préparation, l'adrénaline qui monte, la peur et puis la délivrance lorsque l'opération a été bien menée, l'argent, beaucoup d'argent. Pour sa femme et ses deux enfants ; il a toujours voulu bâtir sa maison ; aujourd'hui, elle est construite.

Le reste lui importe peu. Simple risque du métier, le passage par la prison est programmé, il s'y prépare. Avant l'opération, l'équipe prévoit toujours le budget pour survivre en détention : les subsides pour sa famille, les mandats pour cantiner des bonnes choses, les honoraires de son avocat…

Il se prépare comme un militaire, il court une heure tous les jours, passe deux heures dans la salle de sport, fait la sieste. Au réveil, il va dans la forêt à une heure de voiture, il s'entraîne au maniement des armes. Il tire des centaines de cartouches jusqu'à l'épuisement. Il sait qu'il ne devra jamais prendre une vie gratuitement. Il ne tirera que si sa vie est menacée. Il ne fera jamais usage de son arme pour fuir.

Si la police le coince, c'est qu'il aura raté son coup, il devra accepter son sort et rendre les armes.

Depuis six mois, ce petit commando travaille. Et puis, un matin il se lève en sachant qu'il va passer à l'action.

Il rejoint l'équipe, ils montent dans deux voitures, les sacs de sport contenant les combinaisons, les cagoules, les gants, les cordes et les armes sont dans les coffres. Ils ont décidé de descendre dans le sud, ils vont voyager toute la journée. Ils dormiront sur place avant l'assaut final.

Chaque membre sait parfaitement ce qu'il doit faire, depuis toutes ces semaines, ils répètent, le chronomètre à la main, l'action ne devra pas durer plus de trois minutes.

Ils arrivent aux abords de l'aéroport, il est déjà tard, ils ont roulé toute la journée.

Ils restent à proximité, mais ne s'aventurent pas trop près, il ne s'agirait pas de se faire repérer.

Ils se garent dans un parking à deux kilomètres de la cible. Ils mangent un peu, ils vont essayer de dormir.

Cinq heures du matin, le soleil n'est pas levé, ils enfilent les combinaisons, cachent leurs visages sous les cagoules, vérifient les armes et les outils. Ils attaqueront après avoir découpé le grillage pour ouvrir le chemin qui les mènera à la piste de décollage. La nuit est un allié précieux, dissimulation et discrétion sont importantes pour la réussite du projet.

Les voitures démarrent, elles roulent lentement, arrivées au grillage, trois hommes en descendent, ils coupent le fil de fer de la clôture pour laisser passer les véhicules. Il leur faut maintenant attendre que l'avion de l'aéropostale se positionne au bout de la piste.

Le jour se lève, le soleil monte lentement dans le ciel, laissant apparaître un croissant de lune en transparence, il fait déjà chaud, les gars transpirent dans leur combinaison, et serrent plus fort leurs armes.

Dans le silence de l'aube, un bruit assourdissant arrache les hommes à la torpeur, le grand oiseau se présente en bout de piste, c'est le moment.

Alors les chauffeurs écrasent la pédale d'accélérateur, empruntent la piste et foncent vers la cible. Un véhicule barre la route à l'avion, l'autre se dirige vers l'arrière de l'appareil ; ils stoppent, un des hommes prend dans le coffre un grappin, monte sur le toit et le lance.

La corde accrochée, deux d'entre eux s'y pendent et grimpent jusqu'à la porte arrière de l'appareil pendant que quatre autres sont sortis et sécurisent l'opération, sortent leurs armes longues et scrutent de tout côté pour assurer leurs complices.

La porte arrière de l'avion est ouverte, les deux gars s'engouffrent dans l'appareil. Ils ressortent tout de suite avec deux gros sacs qu'ils lancent sur le tarmac, ils se laissent glisser le long de la corde. Les hommes au sol ont mis les sacs dans les coffres, tout le monde remonte dans les voitures, demi-tour, à fond, les pneus crissent, les moteurs vrombissent, les voitures sont déjà loin quand les pilotes se rendent compte de ce qu'il vient de se passer. Le commando remonte sur la région parisienne. Une première planque pour laisser le matériel, une seconde pour laisser les sacs et se changer et enfin deux places de parking où ils garent les véhicules. Chacun rentre chez soi, ils se retrouveront dans une semaine pour partager le butin.

Mais ils ont été balancés et seront tous arrêtés. Il y a des balances et des indicateurs dans le grand banditisme. Ce sont les impondérables du métier.

Mis en examen et incarcéré à Fresnes, mon client sait qu'il risque des années de prison. Mais sa vie change à peine ; qu'il soit dedans ou dehors, il court, entretient son corps, lit et dort.

Je l'ai prévenu et préparé pour l'interrogatoire qu'il va subir. Cette journée restera gravée à jamais dans ma mémoire. J'ai compris que la justice n'était pas rendue par des hommes ou des femmes hors normes, mais par des humains comme les autres, peut-être un peu plus névrosés que les autres. J'ai compris ce jour-là que pour masquer leurs failles, certains juges étaient précurseurs d'une nouvelle justice, celle de la dissimulation et puis plus tard celle de la disparition totale. La technologie allait leur permettre de se cacher du justiciable.

Les détenus sont extraits de leur prison dans des fourgons cellulaires. Des camionnettes dans lesquelles ont été construites des mini cellules de moins d'un mètre carré, juste la place de s'asseoir sur un strapontin. Une minuscule lucarne barrée par du grillage laisse passer un peu d'air.

Dès six heures du matin, mon client est levé, il se débarbouille dans le petit évier, s'habille, il attend derrière la porte de sa cellule. Le bruit de l'œilleton qui bouge donne le signal du départ, la grosse clé ouvre, deux surveillants entrent, lui passent des entraves aux chevilles et des menottes aux poignets croisés dans le dos. Il avance comme les noirs dans les vieilles colonnes d'esclaves. Il ne peut que trainer des pieds, les entraves sont très lourdes, le bruit du fer sur le sol carrelé rythme marche sa lente. Descendre, puis monter des marches jusqu'à la sortie dans la cour, l'odeur du diesel du camion qui attend moteur tournant, il monte dans le fourgon, il s'assoit dans la cellule, la porte se referme, il étouffe déjà, il a mal aux poignets cisaillés.

À force de bouger, les menottes serrent et coupent, il est assis sur le rebord du strapontin, pour laisser un peu de place à ses bras qui s'étirent dans son dos. La camionnette s'ébranle, gyrophare bleu tournant dans la nuit, sirène hurlante dans les rues de la ville encore endormie.

Arrivé au dépôt du tribunal, il est pris en charge par l'équipe des policiers de permanence : « désentravement », démenottage, fouille à corps et puis au « frigo », cette autre cellule pour attendre l'interrogatoire.

Qui pourrait supporter d'être traité ainsi ? Imaginons que nous subissions ce genre de traitement avant une réunion de la plus haute importance, une réunion qui peut avoir une incidence sur toute notre vie. Pour pimenter notre stress, et pour calmer le trac, quoi de mieux que ce genre de traitement, celui que l'on réserve aux bêtes sauvages.

Le juge, lui, ne pense pas à tout cela quand il se prépare, il ne pense à rien. Il est sorti de chez lui après avoir pris un vrai petit déjeuner, après avoir embrassé sa famille, peut-être que sa femme ou son mari lui a dit de prendre une écharpe contre le froid, de ne pas oublier d'acheter le pain en passant quand il rentrera le soir. Il sera venu au tribunal en métro, en bus ou en voiture.

Mais, tout ceci n'a que peu d'importance, il n'est là que pour interroger le mis en examen, boucler son enquête et se débarrasser de ce dossier gênant, de ce dossier trop compliqué, un dossier signalé « grand banditisme ».

Nous attendons devant le bureau, mon client est toujours menotté dans le dos, deux gendarmes l'entourent, la tension est palpable, que va-t-il se passer dans ce petit bureau, le juge sera-t-il courtois, pourrons-nous exprimer réellement ce que nous avons à dire ?

La greffière passe sa tête à l'encoignure de la porte, elle nous invite à entrer.

Comment se défendre lorsque le match commence avec déjà deux buts d'avance pour l'adversaire ?

Dans le bureau du juge, le mis en examen se présente nu, et même si son avocat est de tout cœur avec lui, il est déjà perdant.

Nous entrons donc, et pendant un temps qui paraît si long, nous restons debout en attendant que le juge donne l'ordre à l'escorte d'enlever les menottes et nous invite à nous asseoir. Il prend son temps, il instaure le rapport de force, il ne regarde personne, il est plongé dans son dossier, on attend toujours, il veut nous signifier qu'il est le plus fort, qu'il a le pouvoir, qu'il peut nous tordre et nous casser comme une fragile brindille. C'est ce qu'il appelle la mise en condition.

Mais est-ce cela le travail du juge ? S'abaisser au niveau des voyous ? Il ne doit pas être dans le combat, mais dans l'explication, dans la déduction, dans la compréhension, dans la psychologie de la situation et de l'enquête, il doit se battre pour servir l'état, tenter de découvrir la vérité, il n'est pas le matador qui guette le bon moment pour la mise à mort, le mis en examen n'est pas là pour mordre la poussière après avoir été piqué pour affaiblir ses forces, attendre le coup d'épée fatal, celui qui le fera vaciller, celui qui le fera tomber, celui qui le rendra définitivement animal, loin de son humanité, loin des hommes et de la société.

Ce juge n'a pas l'air de comprendre, il va rapidement l'apprendre à ses dépens. Il ne lève toujours pas les yeux de son dossier. De toute façon, il est déjà enfermé dans sa tour d'ivoire.

Au bord de son bureau, il a dressé une montagne de petits livres rouges, des codes, mis les uns sur les autres, montés comme un jeu de « lego », monté comme le mur d'un château fort. Il s'adresse aux gendarmes, il demande qu'on lui enlève les menottes, tout le monde peut alors s'asseoir. Nous attendons encore.

De manière ostensible, le juge montre qu'il n'a pas fini de préparer son interrogatoire. Nous attendrons que le picador ait fini d'aiguiser ses banderilles.

Il exhibe les couteaux qui doivent servir à torturer l'animal, à tuer l'homme sans défense. Ma robe noire n'est malheureusement pas un gilet pare-injures. Assis, nous ne voyons plus le juge, planqué derrière ses codes, nous n'apercevons que le haut de son crâne. Comment travailler dans ces conditions ? ce traitement judiciaire n'est pas humain.

Sans un bonjour, ni même un regard, la première question est posée. Mon client danse sur sa chaise, je sens son corps se tendre, il ne perd cependant pas son calme, il a l'habitude, c'est un professionnel. Il répond, calmement, il se fait agresser, le juge n'obtient pas la réponse qu'il attendait. Mon client a compris que derrière son mur de codes rouges, assisté par deux gendarmes en armes et une greffière docile, le juge a choisi de faire la guerre, le bougre ne peut pas se défendre, il suffira de porter l'estocade au bon moment, les gros voyous ne lui font pas peur.

Après l'humiliation, l'insulte est une arme de destruction massive. Il passe à une deuxième question, nous n'avons toujours pas vu son visage, mon client répond, il reste courtois, il connait la musique, il sait dans quel jeu de dupe on tente de l'entraîner, de le faire glisser. Le juge perd son sang-froid, il sent qu'il ne contrôle pas vraiment la situation, il monte d'un cran, il s'emporte, se met à crier, à hurler par moment, l'invective et l'injure sont les deux mamelles de sa stratégie.

Lorsque la haine entre dans l'arène judiciaire, on se place forcément dans une situation qui sera difficile à tenir. Ne se rend-il pas compte à qui il a affaire ? Il s'attaque à la crème du grand banditisme, rien ne lui fait peur, rien ne l'impressionne, il a voulu se mettre à la hauteur de la « voyoucratie », il a voulu la violence, il va être servi.

Comme dans une séquence au ralenti, mon client se lève, saisit les codes, il les balance un par un en direction du juge, il l'insulte, il continue à lancer jusqu'à le toucher à la tête et puis dans un dernier effort, il soulève le bureau et le retourne. Le magistrat est maintenant à terre.

Il a pensé qu'il pouvait utiliser la violence pour mener son interrogatoire, il vient de comprendre que sur ce terrain-là, il avait trouvé plus fort que lui. La scène s'est déroulée comme au ralenti, mais l'action a été fulgurante, les gendarmes n'ont pas eu le temps de réagir, je n'ai pas bougé de ma chaise, je regarde ahuri le juge qui tente péniblement de se relever.

La peur a changé de camp, pour la première fois je croise son regard, il semble me demander de l'aide, il redevient étrangement humain, je quitte rapidement ses yeux affolés de pantin ridicule.

Les gendarmes ont enfin réagi, ils se jettent sur mon client, qui se laisse faire, il ne veut pas prendre de coups inutiles. Il est plaqué au sol, il est menotté, il est emmené, descendu au dépôt, il rentre en prison. Personne n'a gagné, la justice a perdu.

J'ai compris, ce jour-là, il y a plus de vingt ans, que les juges ne voulaient plus voir les mis en examens, ni leurs avocats, ils voulaient travailler seuls, prendre avis auprès des enquêteurs et de leur procureur et puis juger sans contradiction.

En vingt ans, cette dérive s'est généralisée, pire elle s'est institutionnalisée.

Les dernières années au palais de justice sur l'Ile de la Cité à Paris, leur serviront à tester leur pouvoir de nuisance, leur pouvoir à s'isoler du justiciable et de son avocat.

Toutes les portes vont se fermer petit à petit, des codes numérisés pour les ouvrir ne seront connus que des juges eux-mêmes, les avocats ne seront plus reçus, les gendarmes recevront pour consigne de surtout ne pas laisser les robes noires pénétrer leurs bureaux, les pauvres greffières vont subir ce grand malheur, le système Français déjà proche d'un système inquisitorial strict, est devenu en quelques années, l'incarnation de l'inquisition.

Il est difficile de comprendre les raisons de ce divorce entre les juges et les avocats.

Pourquoi ont-ils décidé de se barricader dans leur bureau, refusant pour leur grande majorité de recevoir les avocats, auxiliaires de justice ?

La peur, engendrée par les attentats terroristes en 1995, puis en 2001, et enfin en 2015 et en 2016, ont été un prétexte bien venu pour renforcer la sécurité des palais de justice.

Pourquoi les présidents et procureurs obligent-ils les avocats à subir les mêmes contrôles que le public à l'entrée des Palais de Justice ? Pourquoi ne pas subir eux aussi les mêmes contrôles ? seraient-ils à ce point insoupçonnables, que les mesures de sécurité ne devraient pas s'appliquer pour eux ? Pourquoi alors être plus méfiants à l'égard des avocats ? N'est-ce pas une humiliation sans raison et une façon de jeter l'opprobre sur les robes noires ?

L'Ordre des avocats n'est jamais monté au front pour défendre ses pairs. Les avocats pénalistes sont trop peu nombreux pour qu'on s'y intéresse. Leur poids électoral est bien trop maigre pour animer les futurs candidats au bâtonnat.

Pourtant, les avocats ont prêté serment devant le premier président et le procureur général de la cour d'appel, celui de « *jurer, comme avocat, d'exercer ses fonctions avec dignité, conscience, indépendance, probité et humanité.* »

Dans ce contexte un peu particulier de séparatisme, qu'il fut décidé de construire un nouveau palais de justice à Paris. L'occasion était trop belle de couper définitivement le lien qui doit exister entre le justiciable, sa justice, les avocats et les juges.

La réflexion sera longue, mais elle sera fructueuse pour la Chancellerie. Assurer la sécurité de tous, au sein de l'enceinte va devenir en peu de temps impératif pour l'architecte qui voudra gagner le marché.

C'est Renzo PIANO, le bâtisseur du centre Georges Pompidou qui sera choisi. À la demande des juges, il va construire la plus grande prison dorée que la terre ait portée. Les portes du palais vont se refermer sur le secret des juges qui seuls, dans leurs bureaux décideront de la vie ou de la mort sociale d'humains, sans connaître jamais l'humanité de leurs âmes. Ce n'est pas cela rendre la justice. Je ne me rendais pas compte à quel point l'architecture même d'un édifice pouvait aider à guider la stratégie idéologique de la justice.

J'avais certes compris, depuis déjà dix ans, que ma fonction d'auxiliaire de justice disparaissait au profit de celle d'auxiliaire de vie, mais je ne pensais pas que la seule construction du nouveau palais de justice de Paris bouleverserait à ce point l'équilibre fragile de la démocratie judiciaire. Je ne suis pas sûr que Monsieur PIANO se soit rendu compte du cataclysme qu'il allait déclencher lorsqu'il en dessinait les plans.

Certains juges avaient rêvé de rendre la justice seuls ; l'architecte leur construira un cocon.

Au prétexte d'accélérer les procédures pour gagner du temps et réduire le nombre de magistrats, tout cela, soi-disant, au bénéfice du justiciable, la justice a perdu sa dignité, elle est devenue comptable. L'humanité de la justice a été sacrifiée sur l'autel de la rentabilité !

Le coût et le chiffre ont remplacé les débats et le respect du contradictoire. *« Au gouvernement par les nombres succède aujourd'hui la justice par les nombres »* (A. Supiot, Le gouvernement par les nombres)[36].

Ce mouvement avait commencé du jour où le libre accès aux galeries d'instruction au palais, sur l'ile de la Cité, avait été interdit aux avocats et que des sas de sécurité, des digicodes et des interphones avaient remplacé les képis sympathiques de gendarmes qui, à la simple présentation de nos cartes professionnelles, nous laissaient pénétrer pour se rendre dans un cabinet d'instruction afin de discuter d'un client, d'un dossier, enfin d'un homme.

Aujourd'hui, les juges sont calfeutrés dans leurs petits bureaux, et rien ni personne ne doit les déranger. Nous sommes incidemment passés du juge de paix à celui qui veut juger en paix. Les greffières doivent en permanence faire « tampon » pour éconduire les avocats quand ils osent passer la tête à l'encoignure de la porte et demander à voir celui avec lequel ils sont censés collaborer, leur collègue de bureau : Le juge.

La réponse est toujours la même : « il n'est pas disponible ». Dans ces mauvais jours, on l'entend même hurler qu'il n'a que faire des avocats et qu'on le laisse travailler. Mais travailler avec qui et surtout pour qui ? Le juge n'est pas l'incarnation toute puissante de la justice, il doit la servir !

La balance, symbole de la justice, a deux plateaux : le premier accuse, le second défend. L'équilibre entre ces deux plateaux permet au juge de rendre une justice humaine et équitable.

C'est parce qu'au fond de sa noble conscience, il aura écouté tour à tour le procureur de la République et l'avocat de la défense qu'il pourra se forger autour du débat judiciaire la conviction profonde de rendre la justice au nom de tous les hommes et du peuple français. Plus que jamais, la vérité réside dans le dialogue et la discussion, et non dans l'isolement et l'exclusion.

Pourquoi certains juges se prennent-ils pour Dieu ou ses apôtres et croient avoir reçu d'un coup de baguette de magique la science divine du droit et l'intelligence du cœur, embrassant dans un même esprit la capacité de savoir ce qui est bon ou ce qui mauvais, ce qui est vrai ou ce qui est faux, ce qui est juste ou ce qui est injuste ?

Pourtant, nous les avons fréquentés ces juges avant qu'ils ne deviennent par le pouvoir de l'école nationale de la magistrature des demi-dieux. Nous avons fait les mêmes études de droit, dans les mêmes facultés, nous avons souvent passé les mêmes concours. En fait, notre niveau d'études est en tout point semblable. Pourquoi refusent-ils de nous rencontrer ? Ont-ils peur de nous affronter ?

Je pensais que le peuple français méritait mieux que cela. Je pensais que les textes de loi, spécialement ceux qui sont inscrits dans le code de procédure pénale et la convention européenne des droits de l'homme, qui soit dit en passant est supérieure à la loi interne, ont inscrit comme principe de base que le débat judiciaire devait être contradictoire. Toutes les parties au procès doivent être entendues équitablement et le temps qu'elles le désirent pour expliquer la position de la société, mais aussi celle de leurs clients.

Désormais, la parole de l'avocat gêne, perturbe, incommode. Il n'est plus le bienvenu. Le mot d'ordre de la justice est devenu : sois avocat et tais-toi !

Je me souviens de ce jour où l'interrogatoire d'un de mes clients s'est déroulé dans le cabinet d'un juge d'instruction qui, pour s'isoler encore un peu plus, avait placé une armée de dossiers sur son bureau, si bien qu'on ne le voyait plus.

J'ai pensé qu'il avait simplement peur, mais j'ai vite compris que la simple vision d'un mis en examen et de son avocat l'insupportait. La justice est à ce point aveugle qu'elle réduise le juge à ne plus nous regarder ?

Tous les avocats pénalistes, grâce aux syndicats et aux associations, ont alerté leur ordre et les instances politiques du danger à venir, mais personne n'a voulu tendre l'oreille à ce cri d'alarme, alors on a laissé rouler le train de l'inquisition judiciaire, les avocats devaient disparaitre, la construction du nouveau palais allait donner l'occasion de les éliminer définitivement.

L'architecture d'un lieu peut lui donner une fonction, une âme, un sens, une direction politique. Tout comme Michel FOUCAULT décrivait l'architecture des prisons qu'il disait avoir été construites sur le modèle des églises, où les cellules rencontraient la rigueur monastique et où le silence des lieux de recueillement devaient permettre au détenu de se laver de ses péchés et de retrouver la voie de la raison, le nouveau palais de justice de Paris lance vers le ciel une flèche qui blessera à jamais l'histoire de la démocratie française.

Tout y est symbole, mais aussi lieu de justice, déjà injuste puisque les avocats n'y sont admis que du bout des lèvres. Si les auxiliaires de justice y sont exclus, on peut alors imaginer quel sort sera réservé au justiciable.

Soyez jugés à la chaîne et taisez-vous, vous n'aurez plus jamais la parole, les juges n'ont plus besoin de vous rencontrer pour rendre la justice. Sois justiciable et tais-toi !

Vous voulez assister à votre procès, impossible pauvre bougre les transports en commun sont inexistants et les places de parkings (120) réservées aux magistrats. Il vous reste le vélo.

Vous désirez entrer dans le palais de justice, tour d'ivoire inaccessible, il faudra presque vous déshabiller, vous mettre à nu au sens propre avant de l'être au sens figuré. L'humiliation des hommes n'est pas importante, car on vous explique que ces mesures blessantes ne sont prises que pour assurer votre sécurité. Mais qu'est-ce que l'ordre sans la justice ?

Les magistrats ont une entrée séparée, avec des ascenseurs personnels qui les mènent directement du parking à leur magnifique bureau, protégés ainsi de tout intrus et préservés de l'imprévu.

Les Juges, vous ne les verrez jamais, car ils sont déjà à quelques étages plus haut, ils se reposent dans leur cafétéria, à l'instar des salons VIP des aéroports. Des jardins suspendus vous saluent bien, on les voit de l'extérieur, mais ils ne sont pas pour vous, pauvres justiciables et pauvres avocats, ils sont réservés à l'élite, à la magistrature. Quel paradoxe dans ce monde et cette société qui fonctionnent de plus en plus en réseau, dans une démarche horizontale, dans le dialogue et l'échange, de rétablir, par la construction d'un simple bâtiment, un système vertical, pyramidal, marquant le retour du grand Léviathan.

Les avocats sont badgés, recensés, « fliqués ». Il faut savoir à tout moment où ils se trouvent, comme de dangereux délinquants déjà fichés et particulièrement surveillés. N'oublions pas : trop de transparence tue la transparence ! Tous les services leur sont interdits sauf si les juges ou les chefs des services administratifs daignent donner leur accord.

En fait, c'est un peu comme si un salarié devait demander la permission à l'accueil de son entreprise chaque fois qu'il veut se rendre dans son bureau, aller voir un collègue pour obtenir un renseignement ou assister à une réunion de travail.

Quelle entreprise serait assez folle pour instaurer ce genre de politique au sein même de son institution. Aucune, à part l'entreprise judiciaire.

Il n'y a pas de bibliothèque pour les avocats. Ils ont dû penser qu'ils avaient la science infuse. Le seul local qui les accueille est aveugle, il n'y a pas de fenêtres.

J'en aurais terminé avec ces plaintes corporatistes sur le peu de cas que l'architecte a fait de notre profession si cette construction ne symbolisait la volonté politique de nous éliminer de la carte judiciaire. Les Juges avaient commencé à annoncer que l'avocat ne devait plus faire partie du procès pénal.

Aujourd'hui c'est chose faite puisque s'ils le désirent, ils peuvent démagnétiser notre carte et notre badge et nous n'aurons plus du tout accès aux nombreux étages du palais

L'avocat est devenu un hors-la-loi, car il aurait pu être celui qui empêche qu'elle soit bafouée. Nous serons donc aveugles et bâillonnés.

Certes, il paraît que les salles d'audience sont magnifiques même si elles transpirent déjà la honte de notre démocratie en interdisant la communication entre l'avocat et son client. D'épaisses vitres en verre décorent les boxes dans lesquels se trouvent les prévenus, si bien que toute relation humaine est impossible. J'aurais voulu toucher mon client, lui parler, juste pour le rassurer, pour lui faire part de ma présence.

Cela est devenu impossible.

Imagine-t-on seulement l'impression que peut avoir un prévenu lorsqu'il est projeté d'une cellule sombre du dépôt pour se retrouver dans une cage en verre, tout comme un animal que l'on aurait maintenu dans le noir, sans soins pendant des jours et qui se retrouverait d'un coup exposé en pleine lumière à la vue des hommes, séparé du monde par cette protection de verre, de peur que l'animal sauvage ne commette l'irréparable.

Eh bien, j'y suis allé, dans ce nouveau palais de justice, certes en trainant les pieds, mais j'y suis allé.

Ce n'est pas que l'aspect général du bâtiment soit désagréable à la vue, il s'agit juste de grands cubes de verre empilés les uns sur les autres, laissant dépasser de grandes terrasses où quelques arbres ont été plantés sur du caillebotis.

La justice a donc quitté le cœur de la cité pour être transplanté, cœur battant, entre le périphérique et une zone en pleine réhabilitation faite de chantiers où des grues laissent dépasser leur museau et semblent se dire bonjour.

Passé cette première impression, il faut entrer dans le hall et s'apercevoir d'emblée qu'il sera difficile de passer les portiques de sécurité si ma carte professionnelle n'est pas équipée d'une puce me permettant de badger.

Ce privilège est dédié aux avocats parisiens, les avocats des barreaux périphériques et de la province n'auront qu'à faire la queue comme tout le monde devant les portiques de sécurité comme à l'aéroport, queue qui aux heures de pointe, avant le début des audiences, peut faire perdre entre quinze et vingt minutes.

Le terme de hall d'aéroport est le mieux choisi pour décrire l'immense atrium dans lequel les gens se croisent pour aller d'une aile à une autre, souvent perdus par manque de signalétique.

Je pense que l'architecte n'a pas dû évaluer le bruit que pouvait faire ce premier cube où chaque palier est entouré de coursives distribuant des salles d'audience dans lesquelles il n'y a pas de fenêtres. La justice travaille dans le noir, elle est parfois aveugle.

Du rez-de-chaussée au sixième étage, il existe donc un vide abyssal qui laisse monter le bruit de l'atrium et donne au palais cette impression de hall de gare.

Tous les murs sont peints en blanc, des plaques de verre servent de rambardes de sécurité.

Très vite, lorsqu'il faut se rendre chez les juges d'instruction, l'impression est toute autre puisque de la froideur que dégagent les six premiers étages, nous passons dans un bâtiment de grande hauteur qu'il est impossible de pénétrer sans avoir un badge prévu à cet effet.

Ce bâtiment dessert dix-huit étages, les juges d'instruction sont au treizième et au quatorzième.

Pour la première fois de ma vie, alors que je me suis rendu depuis trente et un ans dans toutes les maisons d'arrêt et centres pénitentiaires de France, je me sens oppressé, je me sens prisonnier.

Il me faut prendre l'ascenseur, mais ce n'est pas un ascenseur comme les autres.

Normalement, pour aller à l'étage que l'on désire, on attend que l'ascenseur arrive, que les portes s'ouvrent et l'on appuie alors sur le bouton de l'étage, les portes se referment et on est propulsé vers sa destination.

Là, ce n'est pas le cas.

Devant l'ascenseur se trouve un boitier, sur lequel il faut encore badger et taper l'étage où l'on désire aller.

La porte de l'ascenseur s'ouvre, et nous conduit automatiquement à l'étage demandé.

Il est donc impossible de choisir un premier étage pour aller faire une démarche, puis un second étage pour aller chercher une copie de pièces et enfin de reprendre l'ascenseur pour aller voir son juge d'instruction. On est enfermé dans une boite de fer qui nous mène à la seule destination prévue, l'étage que l'on a programmé.

Cela peut paraître anodin, mais c'est très symbolique de la volonté de la chancellerie et des magistrats d'éviter que des avocats puissent avoir la liberté d'aller et venir dans le palais de justice.

C'est comme si les avocats n'étaient pas considérés comme des auxiliaires de justice, mais comme des personnes potentiellement dangereuses qui pourraient commettre des délits s'ils se trouvaient libres de leurs mouvements.

C'est une volonté réelle des magistrats de se retrancher dans leur bureau, et surtout, d'éviter d'avoir un contact avec le justiciable ou son conseil.

Arrivé au treizième ou au quatorzième étage, la vision est alors apocalyptique.

À la sortie de l'ascenseur, à quelques mètres à peine se trouve une grille, la même que l'on trouve dans les prisons et qui barre le chemin direct vers de longs couloirs blancs, toujours blancs, vers les bureaux des juges d'instruction.

L'impression n'est plus d'être dans un aéroport, dans une gare, ni même dans un hôpital, mais d'être arrivé dans une centrale.

Lorsque l'on ne connaît pas, on tente de pousser la grille, mais il est impossible de l'ouvrir.

Sur la droite, une petite porte dérobée qui n'est pas signalée ne s'ouvre qu'après avoir passé son badge devant une cellule électronique.

Derrière cette porte, en décroché, un tout petit sas avec une porte, un interphone, et une caméra de surveillance.

Il vous est demandé d'appuyer sur le bouton de l'interphone et de présenter votre carte professionnelle à la caméra.

On aurait pu croire que chaque greffe et chaque juge d'instruction avait un interphone qui lui était dédié, mais pas du tout, l'interphone vous met en relation avec un accueil qui va demander, de façon discrète, si le greffier ou le juge d'instruction accepte de vous recevoir.

Il arrive souvent que l'accueil soit déserté ou que la personne soit occupée, et il n'est pas rare de rester coincé dans ce sas pendant plusieurs minutes avant d'avoir enfin un contact humain.

Si par bonheur, le greffier ou le juge accepte une entrevue, la porte du sas s'ouvre.

Un long couloir immaculé de blanc en ligne droite doit être parcouru pour arriver jusqu'au bureau du juge d'instruction.

Il faut alors frapper et être invité à entrer. Quel bonheur, enfin la lumière du jour.

Après ce parcours dans des ascenseurs, des sas et des couloirs aveugles, le bureau du greffier donne sur une baie vitrée.

Je demande à voir un dossier, le greffier me le remet et me voilà reparti dans des couloirs toujours aussi blancs avec des portes aux poignées acier qui se ressemblent toutes.

Il me faut marcher pour trouver la salle que l'on a dédié aux avocats pour étudier les dossiers.

J'entre, il fait nuit noire, il n'y a pas d'interrupteur, je cherche la lumière.

Je tente d'avancer, mais je bute très vite contre une table, puis une chaise et enfin, sans avoir fait exprès, je me décale un peu sur la gauche et je fais fonctionner le système automatique de l'éclairage. Il s'agit encore d'une salle aveugle.

L'impression est toujours la même, celle d'un confinement extrême, et ce dédale de couloirs qui se ressemblent tous, peints en blanc, avec tous les deux mètres des portes anonymes que l'on ouvre, que l'on referme parce qu'on s'est trompé de bureau, et puis l'attente dans cette salle aveugle où il est presque impossible de travailler tant l'angoisse monte de ne pas savoir où l'on se trouve exactement.

Je ne sais pas si cela a été fait exprès, mais tous les repères sont perdus, je suis un peu comme hors sol, sans notion ni de l'espace, ni du temps. Je n'ai qu'une envie, m'évader.

Si j'étais paranoïaque, je penserais que les magistrats ont demandé que les avocats et les justiciables soient dans l'inconfort pour être psychologiquement vulnérables, et vouloir en finir le plus rapidement possible pour sortir de cette prison judiciaire et retrouver enfin l'air libre.

Malheureusement, je n'en ai pas fini, car il me faut aller voir mon client dans les geôles du palais qui, traditionnellement, se trouvent en sous-sol.

Je badge, je « rebadge » encore, je descends au rez-de-chaussée, je « rebadge ».

Le quartier de l'instruction est loin de ce que l'on appelle aujourd'hui le bastion. Il faudrait avoir une trottinette ou des patins à roulettes pour se rendre rapidement d'un point à un autre du palais.

Je me dirige donc par un nouvel ascenseur au milieu de l'atrium, et je monte au troisième étage.

De là, je dois encore marcher un peu pour emprunter une passerelle, un pont symbolique qui sépare la maison de la justice du dépôt que gèrent les policiers.

Voilà tout ce qu'il reste de la séparation des pouvoirs, chère à Montesquieu, entre le pouvoir exécutif et l'autorité judiciaire.

Le dépôt, c'est la police, ce sont des geôles encore propres, mais je ne sais pas pour combien de temps, qui reçoit les gardés à vue arrivant des commissariats de police de Paris.

Ils sont fouillés à corps et attendent dans des frigidaires sans fenêtres leur tour de passer devant le procureur de la République, le juge d'instruction ou le tribunal.

Cette passerelle est symbolique, elle est longue d'une vingtaine de mètres en baie vitrée, suspendue entre deux bâtiments, et représente ce court, très court chemin qu'il faut encore parcourir pour être délivré de quarante-huit heures ou quatre-vingt-seize heures de garde à vue et rencontrer enfin un juge.

Il existe déjà un raccourci terrifiant entre l'autorité judiciaire et les services de police, bras armé du ministère de l'Intérieur, si bien que le mélange des genres se fait sans difficulté pour toute personne ayant à connaître la situation inconfortable du mis en cause.

Cette séparation des pouvoirs pilier de la démocratie permettant ainsi à l'autorité judiciaire d'être un organe de contrôle du travail des policiers, est en train de fondre comme neige au soleil.

Je suis stupéfait de voir comment Monsieur Renzo PIANO qui a conçu ce nouveau palais de justice n'a pas été renseigné sur l'enjeu politique que contenait la symbolique de la disposition des bâtiments et des salles de cet édifice.

Cela voudrait dire que le ministère de la Justice a compris déjà depuis fort longtemps que l'autorité judiciaire voulue par le Général de Gaulle en 1958 n'existe plus et que le contrôle qu'il désirait des juges sur les services de police n'avait plus lieu d'être.

Il est vrai que depuis quelques d'années, et notamment du fait des attentats terroristes et de l'obligation pour l'état de sécuriser le pays, ce dérapage avait déjà eu lieu, mais là, c'est toute la maison démocratique qui vacille.

Dans l'inconscient collectif, il est acquis aujourd'hui que la fonction judiciaire, dans la majorité des cas, n'est qu'une chambre d'enregistrement de la volonté du ministre de l'Intérieur.

Ce n'est donc pas un hasard si l'on retrouve au bastion, au cœur même du pouvoir exécutif, le bureau du procureur de la république, et pendant le week-end, les services du juge de la liberté et de la détention.

En effet, pour des raisons soi-disant de commodité, le service du Parquet qui s'occupe de décider de l'opportunité ou non de poursuivre un mis en cause soit en l'envoyant dans un circuit court, celui des comparutions immédiates, ou dans un circuit long, celui de la saisine d'un juge d'instruction, trouve aujourd'hui ses locaux au bastion.

Je me souviens encore d'une amie professeur de droit, membre du conseil supérieur de la magistrature, m'expliquant avec bonheur le plaisir qu'elle avait eu à visiter en avant-première le palais de justice, et ne voyant dans ce magnifique bâtiment, que des cubes de verre qui s'harmonisaient les uns avec les autres pour monter jusqu'au ciel et où des jardins suspendus permettaient aux magistrats et au personnel judiciaire de se détendre dès qu'un rayon de soleil apparait.

Elle n'y voyait que l'esthétisme raffiné de cet ensemble dont elle vantait la beauté et la commodité et pour lequel elle ne manquait pas de dire qu'il s'agissait d'une prouesse technique puisqu'il n'y avait pas de chauffage ou de climatisation, mais que le bâtiment s'autorégulait pour donner aux justiciables le meilleur des conforts.

Je ne lui en veux pas, car l'université, bien souvent, éloigne l'homme ou la femme de la tâche journalière des hommes et femmes de justice qui doit être de préserver plus que tout la démocratie et l'humanité.

Mais, ce que je peux regretter, c'est d'avoir oublié à ce point les cours de première année de droit, les cours d'histoire du droit, les cours de droit constitutionnel où il nous est dit que le fondement même de la république réside dans la séparation des pouvoirs.

D'ailleurs, cet immeuble est tellement peu humain qu'il n'a pas fallu attendre longtemps pour que des ennuis proprement humains se produisent.

Étrangement, ce sont les magistrats qui ont eu la première peur puisque peu de temps après l'ouverture, un des jardins suspendus prenait feu et qu'on s'est aperçu à ce moment-là que des mesures de sécurité n'étaient pas suffisantes et que si le feu s'était propagé, alors c'est la justice tout entière qui aurait brûlé.

Mais, ce qui s'est passé le 23 novembre 2018 au sein même du palais devrait faire réfléchir et agir notre ministre de la justice, ancien grand avocat pénaliste.

L'obsession de certains magistrats était de séparer de façon définitive le prévenu qui est dans le box de la salle d'audience et donc de ses juges.

Ils voulaient ériger à tout prix une cage en verre pour remplacer les box et exigeaient cette modification pour, disaient-ils, des raisons de sécurité.

Ce qui fût demandé fût fait, et il a fallu un long combat de l'association des avocats pénalistes et notamment de Maître SAINT PALAIS, Président de l'association, ainsi que du S.A.F (syndicat des avocats de France) pour que la Chancellerie fasse machine arrière et que la plupart des salles d'audience ne soient pas équipées de cette cage.

En effet, le seul détail qu'avaient oublié les initiateurs de ces modifications était que si la sécurité était préservée, les avocats et leurs clients ne pouvaient plus communiquer dans la salle d'audience, ce qui était en passant, une violation manifeste des articles 5 et 6 de la convention européenne des droits de l'homme.

Cette croisade menée par certains avocats courageux a été longue et difficile tant l'obsession sécuritaire et le lobbying de certains magistrats ont été virulents.

En revanche, le fait que les six étages construits autour de l'atrium soient démunis de toutes normes de sécurité ne choquait personne.

Il y avait bien des rambardes en verre, mais pour des raisons budgétaires cette fois-ci, il ne fallait pas qu'elles soient trop hautes.

Si le ministère de la Justice avait pensé à la sécurité des salles d'audience, il n'avait pas pensé qu'un justiciable désespéré soit capable d'enjamber cette rambarde de verre d'à peine plus d'un mètre de hauteur pour se donner la mort.

Cela faisait d'ailleurs quelques mois que nous nous étions tous aperçus de ce risque et que nous avions attiré l'attention du personnel de sécurité du danger immédiat que revêtait cet oubli.

Pourtant, rien ne fût fait, et moins de huit mois après l'ouverture du palais de justice, l'irréparable fût commis. Un jeune garçon de quinze ans, migrant, sans famille, était à l'audience au quatrième étage pour connaître son sort maintenant qu'il était mineur isolé sur le territoire Français.

J'ai lu avec attention le témoignage d'Agathe NADIMI, dont les propos ont été recueillis par Eugénio POPULIN, journaliste à MEDIAPART qui décrivait l'état psychique et physiologique de ce jeune garçon, il était à bout de force, allongé dans son lit d'hôpital, une tension à 9, il tremblait de froid, il n'arrivait même pas à s'asseoir et encore moins à se lever, on lui a fait une radio pour tester son âge osseux. Et s'il avait menti, s'il n'avait pas quinze ans, mais déjà dix-huit ans ? Même, s'il ne peut pas marcher, ce n'est pas grave, on lui prêtera des béquilles.

Les autorités sont seulement intéressées par son âge. Est-il biologiquement le même que celui inscrit sur ses papiers ?

Il devait avoir quinze ans le 24 novembre 2018.

Il avait déjà fait une tentative de suicide parce qu'il préférait mourir que de vivre à la rue.

Le débat judiciaire devait donc porter sur le fait de savoir s'il était pris en charge par l'état français ou s'il était remis comme des centaines de migrants à la rue dans la froideur du mois de novembre.

Le 23 novembre 2018, cet adolescent burkinabé, âgé à peine de quinze ans, a tenté de se suicider en enjambant la barrière de la coursive pour sauter du quatrième étage.

Il a été admis dans un état très grave à l'hôpital.

En dehors du drame humain, il s'agit aussi d'un drame humanitaire dont la France et les Français ne se fichent pas mal.

Seule la croix rouge administre le dispositif d'évaluation des mineurs isolés étrangers (DEMIE) du département de la Seine.

Selon les chiffres officiels de la mairie de Paris, elle rejette autour de 70 % des mineurs après évaluation.

Mais elle refuse aussi d'évaluer certains jeunes.

En effet, on dénombre 509 rejets au faciès pour l'année 2017, c'est-à-dire considérés d'emblée comme étant majeurs sans aucune évaluation.

Pourtant, une grande partie de ces jeunes seront reconnus mineurs par le juge des enfants et il faudra attendre environ dix-huit mois pour qu'ils retrouvent les droits dont ils ont été privés par la croix rouge.

Pendant ce temps, ils n'auront plus accès ni à l'hébergement, ni à la santé, ni à la scolarisation.

Ce jeune homme qui a tenté de mettre fin à ses jours le 23 novembre 2018, était de ceux qui ont été refusés sans même avoir eu droit à une évaluation.

La déshumanisation opère dans tous les secteurs de la société.

N'aurait-il pas le droit d'être écouté, entendu, accueilli et protégé ?

Ce qui est pire encore dans cette histoire, c'est que les organes de presse et notamment « Le Parisien » ont diffusé une fausse information.

De mineur isolé, ce garçon est passé en une fraction de seconde à l'état de jeune prévenu et donc de délinquant.

Cette erreur, qui peut arriver à n'importe quel journaliste qui ne prend pas soin de vérifier ses sources, a déchainé auprès des lecteurs des relents d'un sentiment que l'on espérait disparu.

À force de matraquer, par l'intermédiaire de certains groupes extrémistes, que les migrants vont envahir l'Europe et qu'ils vont venir manger à la cantine de tous les Européens de souche, sans même se souvenir que nous sommes tous « des enfants d'immigrés… première, deuxième, troisième génération… », certains lecteurs rivalisent de propos ignobles.

En voici un petit florilège : *« ... bon débarras... des frais en moins... », « la victime, la bonne blague, une crapule qui a eu la délicatesse de vouloir alléger les délais de procédure... un mec bien... mince loupé... le délinquant a survécu et est maintenant soigné à nos frais. Dommage... », « ...c'est ballot il s'est loupé... » « Cela voudrait dire qu'il est passé de « prévenu » à « victime » « un joli coup qui a fallu lui coûter la vie », « ... peine reportée à plus tard », « ... ah mince, j'espère que le sol n'a rien », « ... c'est vrai que la configuration des lieux est mal faite ! faudrait la mettre au dernier étage ! pour les prochains !!!... Prévoir la benne d'équarrissage au pied de l'immeuble serait un peu excessif en anticipation... »*

Voilà donc comment les vieux démons remontent à la surface lorsque depuis des années les êtres humains sont remplacés par des machines et que l'on attise les haines toujours plus afin de tenter de tirer les marrons du feu pour gagner quelques électeurs de plus.

Voilà comment d'un simple « défaut de menuiserie », comme le disait Robert Badinter, un drame amplifié par une mauvaise information permet à des inhumains de se comporter comme des bêtes.

Il faut donc repenser totalement la circulation dans ce palais de justice, sécuriser non pas les magistrats, mais les justiciables.

Remettre au cœur de l'espace judiciaire et au même niveau les avocats et les procureurs de la République, accepter une réelle collaboration entre tous les acteurs judiciaires pour faire avancer la manifestation de la vérité, ne plus laisser à des policiers en gilets pare-balles, perdus et hagards, et à des sociétés de sécurité privée le soin de sécuriser l'édifice.

Enfin, remettre, comme au bon vieux temps, des gendarmes qui connaissent la psychologie des mis en cause, la susceptibilité ou la bienveillance des magistrats, et les avocats qui ont l'habitude de voyager dans les étages du palais de justice.

Je finirai en disant que le jour, et il est pour demain, où les avocats auront déserté leur palais de justice, ou leur Ordre aura définitivement baissé les bras pour défendre ce qui reste de démocratie, il faudra que le peuple au nom duquel la justice est rendue se souvienne que l'histoire a accouché du pire et du plus monstrueux, quand la démocratie sous des prétextes de sécurité et de bien-être national est devenue dictature, car n'en doutez pas, l'architecture et l'organisation de ce nouveau palais de justice rendront les juges procureurs et la justice inique.

Chapitre V

JUSTICE ALGORITHMIQUE

Le budget national ne peut plus supporter le coût de la justice. Il faut donc restreindre les dépenses.

Le déficit chronique oblige l'état à emprunter sur les marchés financiers afin de boucler ses fins de mois, juste pour rembourser les intérêts générés par les emprunts souscrits, par le pays, depuis des dizaines d'années. C'est ce qu'on appelle le déficit budgétaire. Notre génération entend cette litanie depuis qu'elle est en âge de comprendre le discours économique européen. Le chiffre de 3 % correspondant au pourcentage du PIB que la France ne doit dépasser sans se mettre en infraction avec la législation européenne sert d'épouvantail à nos gouvernants pour expliquer que la France est un pays en crise, qui doit faire plus d'économies pour éviter le pire. Ce chiffre de 3 % a été décidé arbitrairement par les autorités européennes et je n'ai jamais compris quelle en était l'explication rationnelle. De toute façon, je ne suis pas économiste, je ne peux donc déchiffrer les aspects techniques de ce capitalisme de haut vol et donc critiquer son fondement.

Je crois bien que j'ai eu raison de ne pas comprendre, car la crise sanitaire et le « quoi qu'il en coûte » de Monsieur MACRON a fait voler en éclat ce seuil de 3 % du PIB. Aujourd'hui, le déficit budgétaire représente 6 % du PIB et nous sommes bien loin des critères de MAASTRICHT.

Pendant ce temps-là, « quoi qu'il en coûte ou pas », ce qui faisait de notre pays l'un des plus agréables à vivre est en train de rejoindre les pays en voie de désespérance : la pauvreté a atteint un taux record, le taux de mortalité, pour la première fois depuis la révolution industrielle, est en hausse et le taux de natalité est en baisse.

Le plus important est de rester dans les clous sur le plan économique pour ne pas déplaire à nos partenaires financiers.

Je me souviens au début des années 2010, quand sont apparues les agences de notation[137] sorties de nulle part pour noter la crédibilité financière des états et ainsi influencer les banques centrales, le fonds monétaire international et la banque mondiale.

Il y avait désormais les bons élèves du capitalisme financier à qui l'on prêterait à un taux d'intérêt attractif, et les mauvais élèves, comme la Grèce, certains pays de l'Est de l'Europe ou les pays en voie de développement à qui l'on prêterait à un taux exorbitant.

Cette angoisse viscérale de déclassement orchestrée par les États-Unis, l'Europe et le FMI a terrorisé la population et l'a poussée à accepter tous les compromis possibles de peur de perdre son niveau de vie et son travail.

C'est comme cela que l'état français a commencé à expliquer que le budget de la santé était beaucoup trop élevé, que les Français consommaient trop de médicaments, trop de médecins et trop d'hôpitaux. Les ministres de la santé successifs ont affirmé que le modèle Français fondé sur la solidarité et la mutualisation des frais de santé, était du passé et qu'il fallait impérativement faire des économies, fermer des hôpitaux de proximité, supprimer des lits, « dérembourser » les médicaments, utiliser systématiquement les médicaments génériques, obliger chaque Français à avoir un médecin généraliste référant faute de quoi, il ne pourrait pas être remboursé d'une consultation chez un spécialiste.

C'est donc la santé qui fut le premier test antisocial de notre société capitaliste financière.

Sous prétexte de relier les hommes et de donner l'impression que la modernité permet d'humaniser des régions qui sont isolées, le salut des hommes passerait par les réseaux sociaux. La visio-conférence permet de consulter un médecin à distance.

---

[1] Leur notation modifie le comportement des investisseurs institutionnels et sont les acteurs indirects de l'avenir des États et entreprises notées. Les trois agences mondiales de notationfinancière, Standard & Poor's, Moody's et Fitch Ratings ont respectivement été établies en 1868, 1908 et 1913. *Cafédelabourse.com, 27 décembre 2017*

Il suffit de se rendre dans un local où se trouve un ordinateur. Désormais, l'écran va mettre en relation un médecin et un patient. Le docteur peut être à mille kilomètres, il apparaît à l'écran pour écouter, pour soigner. Le rapport charnel, l'écoute, le regard, la sensation, tous ces éléments qui font partie inhérente du diagnostic n'existent plus, qu'à cela ne tienne, le médecin pose quelques questions, puis il pond une ordonnance.

Il faut ensuite commander les médicaments sur internet, sans contact avec le pharmacien, celui qui connait toute la famille, les antécédents médicaux et les causes psychologiques de la maladie est troqué contre un distributeur automatique.

On me dira que je suis réactionnaire, que je suis contre l'évolution inexorable de la société, qu'il faut lutter contre les déserts médicaux, que vraiment, j'exagère, qu'il vaut mieux être soigné comme cela plutôt que de ne pas être soigné du tout.

Finalement, on me dira que je suis un riche, un privilégié, que les pauvres et les ruraux n'ont pas d'autres choix que de se soigner à bas coût.

Ce qu'on ne me dira pas c'est que cette méthode permet de faire des économies d'échelle très importantes à la sécurité sociale, que le « numerus clausus » imposé depuis cinquante ans sur les études de médecine pour faire, encore une fois, des économies a abouti à la fermeture de petits hôpitaux de proximité, de services dans les plus grands hôpitaux, de centres de santé et à la désertification médicale de nos campagnes.

Je veux bien que la machine remplace l'homme quand elle est le prolongement de son bras, pour aider à la performance, mais faire prendre en charge le corps et l'âme humaine par l'intelligence artificielle, simplement pour éviter de provisionner des sommes d'argent dans le budget de l'état, ne correspond pas un progrès, et ne fait pas de la France un pays respecté dans le monde entier, le pays des droits de l'homme, le pays qui a inscrit dans le préambule de sa constitution, la déclaration des droits humains : *« les hommes naissent libres et égaux en droit*[38] *»*. Ce choix de société, qui nous honore, nous oblige à garantir à tous la liberté et la gratuité de l'accès aux soins.

Mais, sous prétexte de répondre à cette exigence, il ne faut pas faire croire aux Français qu'ils seront aussi bien soignés par Skype que dans le secret d'un cabinet médical. Je ne sais plus qui disait que *« l'enfer était pavé de bonnes intentions*[39] *»,* ici les intentions peuvent paraître charitables, il n'empêche que le diable n'a jamais remplacé l'interaction entre le médecin et son patient.

On pourrait ouvrir une consultation de médecine générale adossée au service des urgences.

Un médecin ou une infirmière s'occuperait de sélectionner les vraies urgences et les soins qui relèvent d'une simple consultation. Ce système rendrait aux services des urgences et à ses médecins sa vocation première, soit de soigner des urgences vitales, et offrirait aux patients une attente beaucoup moins longue.

La formation des médecins est aujourd'hui totalement prise en charge par l'état tout comme celle des militaires ou des professeurs. Comme ces derniers, les médecins pourraient être dans l'obligation de rendre à l'état formateur des années d'exercice professionnel avant de pouvoir s'installer dans le secteur privé.

Les jeunes médecins généralistes et spécialistes, aidés par du personnel infirmier, à qui de plus larges prérogatives seraient attribuées, sur le modèle canadien, se verraient affectés comme les magistrats, sur un territoire pour y exercer pendant cinq ans au cours desquels ils travailleraient dans de grandes maisons de santé équipées de cabinets médicaux, mais aussi d'un service d'urgence ouvert 24 heures 24 et 7 jours 7.

Ces médecins auraient la possibilité d'entrer en contact avec des médecins référents ou des médecins hospitaliers, en cas de doute, grâce à la visio-conférence, pendant une consultation.

La visio-conférence et les soins à distance prendraient alors toute leur place et leur efficacité. Cette méthode équilibrerait la carte médicale et redonnerait aux Français une vraie médecine de proximité.

Il ne faut pas dire que la médecine publique est toujours en déficit et qu'elle coûte trop cher à la société. C'est un choix de société et un juste choix. La santé des Français et son évolution technique ne peuvent qu'engendrer des dépenses plus importantes.

Le bien-être de l'homme et la relation humaine n'a pas de prix. Rompre la relation entre le médecin et son patient a pour effet d'exaspérer le patient et fait baisser la qualité des soins et donc l'espérance de vie, mais désespère aussi les médecins et le personnel paramédical qui n'est pas loin aujourd'hui du « burn-out », tant les heures de travail sont longues et dures, tant il devient impossible de travailler dans des conditions dignes du serment d'Hippocrate.

Je suis sûr que si l'on demandait aux Français s'ils sont satisfaits de leur système de santé, ils répondraient à une large majorité que la situation devient insupportable. Il s'agit donc d'un choix budgétaire et de l'acceptation par tous que la santé ne peut engendrer que des déficits. Est-ce si grave que cela ? Le monde est devenu dans sa globalité une immense dictature financière et la France comme les autres ne peuvent y résister.

Tous les acquis sociaux et humains dont nous étions si fiers après la Révolution française, pendant le Front populaire, puis après la Deuxième Guerre mondiale tombent. Les libertés individuelles sont aujourd'hui bridées pour satisfaire les critères de « Maastricht » dont tous les peuples d'Europe se « contre-foutent » et ont même voté contre.

En effet, l'étalon, le système d'évaluation de la richesse des pays, décidé par les instances internationales, est le PIB (produit intérieur brut)[40].

Dans le peloton de tête des pays les plus riches, les Français devraient être parmi les plus heureux. Et pourtant, ils sont les plus gros consommateurs d'antidépresseurs et d'anxiolytiques du monde.

Il n'y a donc pas de relation évidente entre la richesse et le bonheur. Il n'est pas vrai, comme le prétendent les champions du capitalisme financier, qu'acquérir toujours plus de richesses rend l'humanité plus heureuse.

Depuis quelques années, des économistes dissidents prônent l'arrêt de la consommation à outrance et veulent remettre l'homme au centre du processus économique en le replaçant dans son milieu naturel.

Il n'est donc plus question de ne prendre en compte que des indicateurs économiques, mais d'envisager les hommes et les femmes dans leur globalité sur notre planète que l'on doit savoir préserver.

Ces nouveaux indicateurs sont : le taux d'émission de CO2 par habitant, le taux de participation aux élections, la différence de salaire entre les hommes et les femmes, le taux de pauvreté monétaire, le taux d'emploi, d'espérance de vie à la naissance et les sommes investies pour la recherche et le développement.

Bien évidemment, il manque un indicateur qui pour moi est fondamental, celui du taux de criminalité, de la moyenne nationale des peines infligées et enfin du taux de récidive.

Cet indice prend donc en compte l'écologie, la santé, le travail, la culture et la capacité de l'homme à pouvoir s'adapter à son milieu social[41].

Il faudrait peut-être former les magistrats en ce sens, ce qui leur permettrait, plutôt que de juger et d'infliger une peine simplement en fonction de ses inclinations, de prendre un peu de hauteur et de leur permettre de se poser toutes les questions afin d'évaluer le bonheur brut du délinquant qui se trouve dans le box. Imaginer un monde où l'on formerait enfin les magistrats en ce sens !

Si des recherches étaient menées sur le décalage qui existe entre les criminels et leur bonheur brut, on pourrait imaginer des projets d'aide à la réinsertion qui permettraient d'éviter un taux de récidive important, quel progrès !

On dit que l'homme est âpre au gain et que 80 % des infractions commises sont motivées par le besoin ou le désir de richesse monétaire. Si le développement de la société n'était plus axé sur l'accroissement des richesses, mais qu'elle mettait en avant les indices du bonheur national brut, alors les hommes n'auraient peut-être plus la volonté de s'enrichir à tout prix.

Malheureusement, les politiques économiques mondiales ne vont pas dans ce sens-là, la France est bien loin de mettre en œuvre l'indice du bonheur national brut et les juges qui manquent souvent d'imagination, penseraient qu'il serait utopique de prendre en considération cet indice pour juger les délinquants.

Ils en sont tellement loin qu'ils se dirigent de plus en plus vers des théories mathématiques permettant d'infliger, selon un algorithme créé par de savants ingénieurs-calculateurs, la peine qui selon le robot serait la plus équitable.

Déshumaniser la société, c'est faire mourir la démocratie et oublier le Siècle des lumières, le contrat social et la république.

Pour plaire, le pouvoir exécutif doit museler ses parlementaires qui pourraient ne pas être d'accord et le faire savoir, et aussi mettre les juges au pas, leur apprendre que la relation humaine, celle-là même qui était l'essence de la réflexion judiciaire, doit disparaitre au profit d'un autre modèle.

Depuis plusieurs années, l'état a mis en place une sélection toute différente pour accéder à la prestigieuse école nationale de la magistrature, où l'enseignement du bonheur national brut est bien loin des préoccupations de ses professeurs.

Le but de l'école n'est plus de former des magistrats indépendants et respectueux du contradictoire, mais des juges serviles obsédés par le chiffre, les statistiques et le rapport au supérieur hiérarchique, en laissant de côté la notion essentielle qui fait du système judiciaire une institution fondamentale pour le respect de la démocratie.

On savait depuis longtemps qu'il existait souvent un mélange des genres nauséabond entre le juge et le procureur de la République.

Le premier est là pour rendre la justice et le second est investi de la mission suprême de représenter la société pour garantir l'ordre public et accuser, preuves en main, celui ou celle qui a fauté. L'un comme l'autre[42] reçoivent le titre de magistrat et peuvent au gré de leur mutation être tantôt juge, tantôt procureur.

Ce mélange des genres laisse de côté le respect du contradictoire puisque bien souvent, par esprit de corps, le juge et le procureur de la République n'ont aucune difficulté à communiquer et à se mettre d'accord. L'avocat, lui, est laissé de côté.

Dès les années soixante-dix, Robert BADINTER expliquait l'ineptie de faire siéger les juges et les procureurs au même niveau à l'audience, alors que l'avocat de la défense était obligé de plaider en contrebas, il disait qu'il s'agissait certainement « d'un défaut de menuiserie »[43].

Aujourd'hui, l'avocat n'est en prière devant ses juges, il est devenu le fantôme du système judiciaire.

Les jeunes magistrats ont pour ordre de refuser tout contact avec eux, et si cela est nécessaire, de prendre leur décision sans les avoir consultés.

Bien évidemment, le code de procédure pénale continue à prévoir une relation directe entre le juge, l'accusateur public et l'avocat de la défense, mais dans les faits, ce n'est plus le cas.

Ce glissement est venu très progressivement puisque depuis une quinzaine d'années, dans les tribunaux de la région parisienne et de la capitale, des interphones ont été mis à l'entrée des galeries d'instruction, permettant aux juges de refuser de rencontrer les avocats. Les greffiers ont reçu pour ordre de faire barrage lorsque des avocats demandent à voir le juge, des panneaux ont vu le jour sur les portes des cabinets d'instruction indiquant les horaires d'ouverture et de fermeture du bureau, et disant que si l'avocat voulait prendre rendez-vous il lui fallait le demander par mail.

À Paris, avant même l'ouverture du nouveau palais au mois d'avril 2018, les procureurs de la République ont fait installer un sas pour des « raisons de sécurité » afin de se rendre dans leur bureau sans risquer de rencontrer un avocat.

Renzo PIANO[44] lui, n'a pas fait dans le détail, il a conçu un nouveau palais dans lequel l'entrée des magistrats et l'entrée des avocats sont parfaitement séparées pour qu'il soit impossible pour un avocat de pénétrer dans les locaux réservés aux magistrats.

Les juges et les procureurs se sont définitivement enfermés dans une tour d'ivoire.

Les décisions sont donc rendues sans avocat, ou plutôt les décisions sont déjà rendues bien souvent avant même que l'avocat ait pu rencontrer le juge.

Pour l'écarter encore, un peu plus s'il était nécessaire, la visioconférence est venue remplacer l'audience publique, sous prétexte de faire des économies, même s'il est vrai que faire extraire un détenu coûte de l'argent aux contribuables.

La chambre de l'instruction, et dans certains cas le juge d'instruction, ont systématisé le principe de la visioconférence.

L'audience ne se passe plus en face à face ou dans le bureau du juge d'instruction, mais à travers un écran de télévision où le détenu, du fonds de sa prison, est mis en relation par l'image avec le juge ou la cour. L'avocat a le choix de défendre son client dans le bureau du juge ou dans la salle d'audience, mais il n'a alors plus aucun contact humain avec son client.

S'il décide de se rendre en prison pour l'assister, il n'a plus de contact humain avec les juges. Cette nouvelle méthode est une violation manifeste de l'article 144 du code de procédure pénale qui dispose que tout avocat a le droit à une libre communication avec son client détenu.

Cette déshumanisation progressive rend le juge seul maître à bord et aura bientôt fini de rompre totalement le lien existant entre la magistrature, l'avocat et le justiciable.

Comme s'il n'était pas suffisant d'oublier totalement l'humain que l'on juge, et qu'il était plus important de calculer à la fin de l'année le nombre de détentions provisoires ou de condamnations à de la prison ferme selon le désir imposé par la Chancellerie à ses parquets, le monde judiciaire bascule aujourd'hui dans l'intelligence artificielle.

D'une justice subjective et humaine respectant le contradictoire et l'individualisation de la peine, justice humaine et donc imparfaite, nous sommes tombés depuis une quinzaine d'années dans une justice odieusement productiviste ayant les yeux rivés sur les chiffres et les statistiques.

Mais le pire reste à venir, car il n'est pas loin le jour où les magistrats feront appel à une justice prédictive où l'intelligence artificielle et les algorithmes mathématiques prendront le pouvoir.

Pour être condamné, faut-il encore que les faits qui sont reprochés puissent être imputés de façon sûre et certaine au mis en cause. La question que se pose au juge est celle de la juste peine. Le condamné a le droit de comprendre la décision de ses juges. Pour comprendre, elle doit être humaine et équitable.

Le travail effectué au cours de l'enquête ou de l'information judiciaire favorise la prise de décision.

À l'audience, le juge doit écouter avec attention les arguments de l'accusation, mais aussi ceux de la défense. Savoir trouver la juste peine, celle qui prendra en compte les intérêts des victimes, de la société, mais aussi la personnalité de l'accusé, est si complexe que le Code de procédure pénale a prévu que cette recherche ne peut être effectuée que par une formation collégiale. Trois juges échangent et croisent leurs expériences personnelles et professionnelles pour décider en âme et conscience.

Le droit pénal est ce que l'on appelle un droit d'interprétation strict, ce qui veut dire que personne ne peut être jugé et condamné s'il n'a commis un crime et que ce crime est défini par la loi[45].

En effet, pour condamner un homme pour homicide volontaire, faut-il encore que les faits qui lui sont reprochés puissent lui être imputés de façon sûre et certaine.

S'ils existent des indices sérieux et qu'après une enquête policière, une instruction judiciaire et un procès équitable, c'est-à-dire contradictoire où les arguments de la défense sont écoutés avec autant d'attention que les réquisitions de l'accusation, et si les juges, après avoir pris soin de vérifier que les faits sont bien établis et constituent une infraction prévue par le Code pénal, alors ils auront effectué leur travail et pourront se poser la question de la juste peine.

Ce concept de juste peine met en œuvre un système de fonctionnement proprement humain qui met en scène l'expérience personnelle et professionnelle des juges, leurs propres émotions, un supplément d'âme.

Ce travail des juges fait appel à leur intelligence et à la projection qu'ils sont capables d'avoir pour comprendre les enjeux du procès, la motivation de l'accusé, les failles de la victime, et ainsi trouver la peine qui sauvegardera l'intérêt de la société, n'éliminera pas de façon définitive l'accusé de la société et contentera la victime.

C'est justement pour cela que le Code pénal prévoit que l'homicide volontaire peut être puni d'une peine allant de deux mois d'emprisonnement à la peine de la réclusion criminelle à perpétuité assortie d'une peine de sûreté de 22 ans[46].

Ce grand écart judiciaire illustre parfaitement les difficultés que peuvent rencontrer les juges pour décider de la peine puisque pour un même crime, des éléments parfaitement subjectifs comme les circonstances des faits ou la psychologie des accusés laissent aux juges une grande latitude pour choisir la peine.

Parce qu'ils sont des hommes et qu'ils engagent leur responsabilité morale, et parce que juger est une équation extrêmement complexe, les juges peuvent aussi se tromper.

C'est bien pour cela que la loi a prévu la possibilité pour les parties de faire appel d'un jugement avec lequel ils ne seraient pas d'accord ou qu'ils ne comprennent pas.

Je suis toujours bouleversé par l'ambiance électrique qui court dans la salle entière lorsque la cour d'assises va rendre son verdict.

Les jurés sont souvent fatigués et tendus. Ils ont, en leur âme et conscience, dans la douleur et dans le doute, pris une décision qui les poursuivra toute leur vie.

Le Président et ses assesseurs sont souvent pâles et regardent rarement l'accusé dans le box. La décision qu'ils rendent, ils en ont conscience, fait basculer la vie d'un homme, une autre personne du genre humain.

Il y existe un phénomène d'identification qui s'opère entre les juges et l'accusé, entre l'accusé et le public, entre les juges et le public, entre l'avocat général et l'avocat de la défense, tous font partie du même genre, d'une même humanité dans ce moment privilégié.

Ces éléments indicibles font la grandeur de la justice, parce qu'elle est proprement et définitivement humaine.

L'alchimie dramaturgique qui existe toujours dans la prise de décision donne tout son sens à la fonction.

Cependant, lorsque les mathématiques viennent au secours de la conscience humaine, sous prétexte de l'aider à résoudre des équations souvent complexes, avec l'intention louable d'aider le juge à la décision, il faut prendre garde à ce que cette aide ne devienne pas purement et simplement la décision elle-même. Il y a peu de distance entre l'aide à la décision et le remplacement pur et simple.

Le ministère de la Justice, en louant les mérites de ces algorithmes pense aider les juges à prendre la bonne décision.

Ils s'aident déjà eux-mêmes grâce à leur expérience et celle de tous leurs collègues puisque sont mises à leur disposition les décisions rendues sur le cas qu'ils ont à traiter, c'est ce que l'on appelle la jurisprudence.

Il est vrai que l'avènement d'internet a changé la donne. Les moteurs de recherche trient et sélectionnent pour le personnel judiciaire les connaissances dont ils ont besoin pour travailler.

Il s'agit d'une aide puisque la rapidité du robot évite un travail long et fastidieux de recherche à la bibliothèque.

Plus on avance dans le temps, moins l'on fait confiance à son intuition, à son raisonnement juridique et plus on fait confiance au raisonnement soi-disant rationnel et « scientifique » du moteur de recherche.

En fait, au départ, internet n'était qu'une bibliothèque universelle. Il est en train de devenir une aide à la décision. Déjà, des algorithmes de plus en plus complexes permettent de donner au juge des indications très précises sur la décision qu'il doit prendre.

C'est cela la justice prédictive, un algorithme, qui calcule de complexes probabilités et qui, grâce à sa puissance, peut cracher en quelques minutes une décision rationnelle alors que des juges humains dans le secret de leur délibéré auraient mis peut-être plusieurs heures à la prendre.

C'est ce qu'on appelle l'intelligence artificielle, et ça fait froid dans le dos si ce phénomène devait se généraliser. Comment alors introduire dans ces algorithmes une part d'intelligence, de sensibilité, d'intuition, d'expérience, et comment y intégrer la part d'humanité de l'accusé pour être certain que la peine que dictera le robot au juge sera réellement juste ? Cela semble impossible, car les algorithmes n'ont pas de conscience.

Outre la déshumanisation totale des décisions judiciaires, on peut imaginer que derrière un moteur de recherche ou un outil produisant de l'intelligence artificielle se dissimulent des scientifiques extrémistes.

La base de données qu'ils mettraient au point et les algorithmes qu'ils confectionneraient seraient alors dirigés pour donner au juge un outil non plus objectif, mais définitivement subjectif.

Le juge lui penserait que le raisonnement du robot est fiable à 100 % et alors faisant confiance à la science, rendrait une décision dangereuse pour la démocratie judiciaire.

Aux marges de la science-fiction, la manipulation par des mathématiciens zélés, idéologues ou religieux, pourrait changer la face du monde judiciaire.

Les juges se retrancheraient derrière l'objectivité scientifique de l'algorithme pour justifier leur décision.

Il n'est pas compliqué alors de comprendre que les processus décisionnels automatisés violent les libertés fondamentales et rendent le travail de la police et de la justice esclaves du robot.

Ce fait est d'autant plus grave et dangereux que ces acteurs détiennent le monopole de l'usage légal de la force.

Depuis le XVIIIe siècle, grâce au Siècle des Lumières, à la Révolution française, à l'avènement de la république et de la démocratie, les lois qui touchent les libertés individuelles ont toujours fait l'objet d'un débat très violent, car le recours à la force doit être parfaitement encadré.

C'est ce qui est en jeu avec ces processus décisionnels automatisés produisant de l'intelligence artificielle, car cette nouvelle intelligence pourrait permettre de justifier le recours à la force en faisant croire que les opérations mathématiques produisent assez d'intelligence pour dire la vérité judiciaire.

Pour exemple, dans certains pays et notamment aux États-Unis, les forces de l'ordre n'opèrent plus seulement dans le recours à la force pour maitriser ou pour punir des actes criminels manifestes, mais elles utilisent l'I.A. de manière croissante à des fins préventives fondées sur des profils psychologiques présumés, et ainsi créent la notion de « terroriste dormant »[47].

Ce terme a d'ailleurs été utilisé dans la législation antiterroriste allemande de l'après 11 septembre.

Il s'agit d'un exemple édifiant « d'identification algorithmique d'une cible »[48].

Fort heureusement, cette notion de terroriste dormant a été invalidée et extirpée de la législation allemande par la Cour Constitutionnelle Fédérale.

À des fins de profilage ou pour prédire le lieu et l'heure de futurs crimes, les services d'investigation de la police judiciaire et les services de renseignements collectent des données (écoutes téléphoniques, bornage de boitiers téléphoniques, études des fadettes sur réquisitions auprès des opérateurs institutionnels, mais aussi auprès de certaines GAFAM, comme Google Earth, Messenger, WhatsApp, signal, Instagram et TikTok) en échange de cadeaux fiscaux et sociaux. Alors, les frontières entre les profils de suspects, d'accusés ou de condamnés tendent à disparaître.

Lorsque des logiciels de prévisions policières utilisent des statistiques et mettent au point une typologie criminelle, elles peuvent par exemple donner plus d'importance et donc cibler de façon plus précise certains délits comme les vols, les violences, les meurtres, les viols plutôt que les délits en col blanc comme les escroqueries ou les abus de biens sociaux.

Alors la police se concentre de façon disproportionnée sur ces minorités ciblées qui, par conséquent, sont « surpoliciarisées ».

En portant ainsi une attention accrue à un groupe spécifique ciblé par cet algorithme, la police va y détecter davantage de délits ou de crimes, ce qui génèrera à travers ce procédé d'intelligence artificielle des données incitant à amplifier les contrôles policiers.

Les délits qui ne seront pas ciblés comme par exemple les délits en col blanc seront alors totalement négligés par rapport à l'ampleur des dommages qu'ils causent à la société tout entière.

On se rend bien compte que l'intelligence artificielle n'est plus simplement une aide à la décision, mais peut influencer le juge.

Il réprime des délits sans qu'il n'ait pris conscience qu'il délaissait d'autres délits tout aussi importants dans leur nombre et dans leur dangerosité.

La difficulté est qu'il peut y avoir une part de jugement moral et dans certains cas d'opportunisme dicté par des influences extérieures, voire politiques, chez l'informaticien qui programme le logiciel. On est donc bien loin d'une justice égalitaire. On pourrait penser que dans un cadre démocratique, ou d'une alternance politique, un parti au pouvoir, qu'il soit de droite ou de gauche, puisse demander à des mathématiciens de créer de nouveaux algorithmes qui permettraient de cibler telle ou telle catégorie de délinquant, en fonction de son propre objectif électoral, afin d'influencer la décision du juge.

Comment garantir aux citoyens que la justice sera rendue équitablement alors que l'instrument utilisé pour investiguer bafoue les règles fondamentales des droits humains ?

Aux États-Unis, l'utilisation de l'intelligence artificielle a permis à la justice pénale de franchir un nouveau pas qui, si elle devait se généraliser, ne laisserait plus à l'homme aucune marge de manœuvre dans son diagnostic et dans le traitement de la délinquance.

Aujourd'hui, certains états n'hésitent pas à stigmatiser les personnes de sexe masculin, de race noire, vivant dans des quartiers défavorisés.

Ils en tirent comme conséquence, grâce à la machine, que ce type humain sera un criminel potentiel et qu'il faut donc que la police redouble de vigilance envers lui avec toutes les dérives que cela implique.

Il faut bien se rendre compte qu'on va vers une sorte d'eugénisme judiciaire se fondant sur une prédestination inacceptable. La machine censée être objective n'est que le reflet de l'état d'esprit de son programmeur.

Au-delà de ce tri humain d'un nouveau genre se pose la question du rôle du juge dans le procès.

La machine permet d'éviter les erreurs de certains juges souvent mal formés, trop jeunes pour les postes qu'on leur attribue. Ils officient au sein d'une justice toujours plus pauvre, et pour pallier ces manquements, on s'est tourné vers les algorithmes et leurs cortèges d'inhumanités.

Vers quel modèle de justice et de société allons-nous ? L'intelligence artificielle n'est plus une aide à la décision, mais tend à devenir la décision elle-même. Les juges n'auront plus aucun libre arbitre et pourront alors se retrancher derrière le robot pour justifier leurs décisions et plutôt que de réfléchir d'humain à humain. Ils prendront pour résultat ce que l'ordinateur prédira.

On pourrait imaginer qu'en fonction de la race, du genre, de la catégorie socio-professionnelle, un algorithme savamment construit pourrait donner à penser qu'un de ces types serait plus enclin à commettre tel ou tel type d'infraction et ainsi pouvoir en déduire que par exemple, les homosexuels juifs, de race noire et communistes seraient en proportion de plus grands criminels que les hétérosexuels de race blanche, chrétiens-démocrates.

L'algorithme de la Fondation Arnold qui est utilisé dans vingt-et-une juridictions, aux États-Unis, brasse ainsi 1,5 million d'affaires pénales qui prévoient le comportement des accusés pronostiquant les crimes qu'ils pourraient commettre alors qu'ils sont en attente d'un procès ou d'une libération conditionnelle.

Une étude menée par des chercheurs de l'université de Stanford à partir de 1,36 million de personnes placées en détention provisoire, assure qu'un ordinateur peut prédire si un suspect fuira ou récidivera et cela mieux qu'un juge.

Pourtant, dans une évaluation détaillée de l'algorithme de récidive COMPAS, un groupe de travail, « pro publica », a découvert que les systèmes étaient biaisés contre les personnes noires.

Un autre algorithme développé par une compagnie privée américaine NORTHPOINT, utilisée pour déterminer le montant des cautions et la durée des peines, montre, lui aussi, des enjeux raciaux.

Parmi les non récidivistes, 42 % des noirs étaient classés « à risque » contre seulement 22 % des blancs.

En effet, cette gouvernance automatisée ne peut que perpétuer et amplifier les discriminations puisque les données recueillies sont divisées selon des critères économiques, raciaux, ethniques et de genre[49].

Cette dérive porte une atteinte évidente à l'égalité des hommes devant la loi ainsi qu'au droit de chacun d'avoir un procès équitable, c'est-à-dire de pouvoir être jugé par des hommes et par un tribunal indépendant et impartial.

Pour le moment, certains diront que tous ces outils ne sont pas si dangereux puisqu'ils aident à la prise de décision et évitent aux juges des recherches longues et fastidieuses.

Ils vous diront aussi que l'homme contrôle la machine puisque c'est lui qui entre les données et qu'il sait parfaitement le contenu digéré par les logiciels et donc les résultats qui en découleront.

Il s'agit juste pour le programmeur de connecter intelligemment les données les unes avec les autres pour que l'intelligence artificielle de la machine recrache des résultats qui aident l'homme dans son travail.

C'est ce qu'on appelle le « Deep Learning » et c'est d'ailleurs ce que vendent tous les mathématiciens qui confectionnent des logiciels d'aide à la prise de décision pour rassurer leurs clients.

Cependant viendra un jour où la machine sera tellement remplie de données et de logiciels permettant de confectionner des logarithmes toujours plus efficaces que la machine elle-même sera alors capable d'intelligence.

Ce n'est plus l'homme qui restera maître de la machine et tirera de ses résultats une analyse pertinente, mais c'est la machine qui prendra le pouvoir sur l'homme grâce à l'interconnexion de différents logarithmes et qui fabriquera toute seule de l'intelligence artificielle permettant ainsi à l'homme de ne plus avoir l'obligation de l'alimenter puisqu'elle créera toute seule les données qui lui permettront des résultats qu'elle pourra analyser toute seule pour donner objectivement la meilleure solution. C'est ce qu'on appelle la « machine Learning ».

Appliquée à la justice, la « machine Learning » est une ouverture à une pensée et donc à un jugement unique, ce qui finira de déshumaniser totalement le travail des juges et leur permettra de se couvrir en expliquant que l'intelligence de la machine et son objectivité permettent une égalité des citoyens devant la loi.

La justice ce n'est pas seulement que tous les citoyens soient égaux devant la loi, mais aussi que les juges, parce qu'ils sont humains, soient capables de juger en équité les hommes et les femmes qui se présentent devant eux.

La question qui se pose est celle du devoir de concilier l'équité et l'efficacité. Je préfère l'équité à l'efficacité.

Je préfère que dix criminels soient hors des murs plutôt que de voir condamner un innocent.

C'est, je pense, l'une des principales distinctions entre les systèmes politiques autoritaires et démocratiques.

Si nous n'y prenons garde, nous permettrons alors de concentrer entre les mains d'un seul homme ou plutôt d'un seul robot, la justice de notre pays, et c'est l'état de droit tout entier qui tombera entre les mains d'une source opaque vernie d'objectivité scientifique.

Je crains qu'un jour toute personne suspectée d'un crime ou d'un délit, après enquête de police, n'ait plus droit à un procès et se voit confiné dans une salle d'attente du commissariat tandis qu'un juge entrera dans son ordinateur les faits qui lui sont reprochés.

Presque simultanément, la machine donnera alors la peine à lui infliger. Il sera indiqué au justiciable sans autre forme de procès le quantum de sa condamnation.

Le jour où cela arrivera, j'espère que le Conseil constitutionnel saura dire que la justice rendue par des « Big Data » est contraire aux fondements même de notre constitution, et qu'elle doit rester strictement humaine.

Les juges doivent écouter humblement l'accusation et la défense, juger sans trembler, en âme et conscience. Ils doivent accepter le risque de se tromper parce qu'ils ne sont que des hommes, mais ne jamais penser que l'humain peut se réduire à une équation mathématique ?

CHAPITRE VI

LA DICTATURE SANITAIRE

Ali me disait en plaisantant, *« Tu sais, la devise de la République Française c'est bien évidemment liberté, égalité, mais surtout fraternité »...*

Ali l'algérien est venu en France en février 2006, titulaire d'un visa touristique, il est passé par l'Espagne, Madrid, et a pris un avion pour Paris.

Il n'avait plus aucune famille en Algérie et voulait venir visiter sa tante, la sœur de sa mère, qui habitait avec toute sa famille à Draveil, dans le Val d'Oise.

Il s'est vite installé et a retrouvé, il est vrai, une famille aimante en France auprès de qui il a pu espérer un équilibre.

Au bout d'un mois, son visa a expiré et il aurait dû rentrer en Algérie.

Comme bon nombre, même si le déracinement est très important et qu'il lui faut faire un effort pour s'intégrer à la société française, il a préféré rester et s'investir le plus possible dans le pays qui venait de l'accueillir.

Il a donc ouvert tout de suite un livret A ; il s'est mis à faire des petits boulots dans le bâtiment, au noir bien évidemment, de la plonge dans plusieurs restaurants à Paris, ce qui lui a permis de pouvoir trouver un logement, commencer à déclarer ses impôts et à constituer un dossier pour espérer un jour être régularisé sur le territoire Français.

Vu de l'extérieur, on a toujours l'impression que ces hommes et ces femmes qui viennent de loin quittent leur pays pour un El Dorado promis.

On ne pense jamais aux difficultés psychologiques et matérielles pour pouvoir s'installer dans un pays qui n'est pas le sien, de comprendre la culture, son mode de fonctionnement, de connaitre la langue et de travailler pour un salaire de misère puisqu'en situation irrégulière les patrons, bien souvent, paient au lance-pierre. Ils savent qu'ils ne peuvent bénéficier d'une protection sociale.

Pour pouvoir défendre des étrangers et les comprendre, je me suis souvent projeté dans la situation inverse.

J'ai écouté encore et encore la chanson de Big Flo et Oli qui les oblige à quitter Paris en feu pour émigrer vers une terre inconnue.

Comment est-ce que je réagirais si je me voyais contraint pour des raisons familiales, économiques ou de conflit, de quitter la France pour aller vivre en Algérie ?

J'arriverai dans la grande ville d'Alger où je viendrai retrouver une tante et ses enfants, sans parler l'arabe, sans connaitre la culture, les coutumes et habitudes des Algérois, en sachant que quelques semaines après mon arrivée, je me retrouverai sans droit sur le sol algérien.

Je ferme les yeux et je réfléchis à ma situation, j'ai fait un choix, mais je pleure mon pays d'origine parce que j'y ai laissé mes racines, et je pleure dans mon pays d'accueil parce que je ne sais pas comment je vais me débrouiller pour survivre.

Le seul moyen sera, ou bien de chercher des Français, tout comme moi, qui sont là depuis déjà longtemps et qui pourront me donner les clefs pour m'en sortir, où bien d'essayer de m'intégrer le plus vite possible dans la culture du pays pour trouver un travail et un logement afin de tenter de me construire une nouvelle vie.

Combien d'années me faudra-t-il pour me sentir vraiment chez moi sur cette terre d'accueil ?

Je suis bien évidemment incapable de répondre, mais ce que je sais, c'est que si je fais tous les efforts nécessaires pour m'intégrer et que je me comporte comme un citoyen algérien, je ne pourrai pas comprendre qu'après des années de vie dans ce pays, on vienne me dire que je ne suis plus le bienvenu et qu'il me faut partir au plus vite sans pouvoir y revenir.

C'est exactement ce qu'Ali a vécu. Pendant dix ans, il n'a cessé de travailler, de participer à la vie associative du pays, il s'est mis en ménage et il a aujourd'hui deux enfants âgés de 5 et 7 ans.

En 2017 il était encore possible de demander un titre de séjour. Les accords franco-algériens permettaient d'obtenir de droit une carte de résident lorsqu'on était de nationalité algérienne et que l'on pouvait prouver qu'on était sur le territoire Français depuis plus de dix ans. Ali a donc effectué les démarches auprès du service des étrangers de la Préfecture de l'Essonne.

L'ascenseur de l'intégration était encore en marche. Ali a obtenu deux certificats de résidant d'une année chacun, au mois de juillet 2018 puis au mois de juillet 2019 valable jusqu'au mois de juillet 2020.

Au mois de mars 2020, la France a appris avec stupeur qu'une épidémie appelée « COVID 19 » pouvait être extrêmement dangereuse et le 20 mars 2020, la France était confinée, laissant sur le bord du chemin tous les sans domicile fixe et les sang grades du pays.

Ali ne pouvait donc plus travailler, mais ne pouvait rester sans rien faire.

Il connaissait Rachid, fondateur de l'association « La table ouverte », il a été le voir et lui a proposé ses services.

Cette association vient en aide aux plus démunis et distribue des repas chauds aux personnes en situation de grande précarité.

Rachid l'a intégré aux équipes et il a, tous les jours, préparé et porté des repas chauds aux sans domicile fixe et aux personnes âgées qui n'avaient pas la force de se déplacer.

A-t-il été meilleur ou moins bon qu'un autre ?

Il me disait donc en plaisantant, *« La devise de la République Française c'est bien évidemment liberté, égalité, mais surtout fraternité, tu vois je pense qu'il est normal que je sois fraternel avec ces gens avec qui je vis depuis quatorze ans sans aucune discrimination, ni différence. Je ne veux pas savoir s'ils sont blancs, noirs, jaunes, juifs, catholiques ou musulmans, ce qui m'importe, c'est qu'ils soient pauvres ou impotents et qu'ils aient besoin de nous.* »

Premier confinement, il était là sans faille. Il a même été reçu par Madame HIDALGO, Maire de Paris, pour être remercié des services qu'il avait rendu à la ville.

Il était loin de se douter de ce qui allait lui arriver.

Il s'est d'un coup rappelé que son titre de séjour expirait le 31 juillet 2020, et qu'il fallait qu'il se rende à la préfecture pour obtenir le renouvellement de sa carte de résident.

Le lendemain même des honneurs qui lui avaient été rendus par la maire de Paris, il se rendait à la rue des Morillons dans le 15e arrondissement au centre de réception des étrangers pour les ressortissants algériens afin de voir renouveler son titre.

La porte était fermée. Un vigile faisait office d'accueil et lui dit qu'il ne pourrait pas renouveler ses papiers, car tous les agents étaient en télétravail jusqu'à nouvel ordre.

Monsieur MACRON, trônant sur son fauteuil au conseil de défense sanitaire, n'avait peut-être pas pensé que les préfectures de toute la France, comme la plupart des services publics, seraient fermées pour des raisons sanitaires parce que les fonctionnaires seraient obligés de rester chez eux pour travailler.

Ali n'allait pas se décourager pour cela, il pensait, peut-être naïvement, que même si son titre de séjour expirait, les autorités policières et administratives auraient été mises au courant que le service des étrangers des préfectures était fermé et qu'il ne pouvait être sanctionné compte tenu de la situation de crise sanitaire.

Il est quand même retourné toutes les semaines jusqu'à ce que son titre expire le 31 juillet 2020 pour voir si la préfecture accueillait du public, le vigile n'était pas toujours le même, mais il avait toujours la même réponse.

Je ne peux pas croire que le ministre de l'Intérieur, Monsieur DARMANIN, membre du conseil de sécurité sanitaire, n'a pas alerté Monsieur MACRON de cette situation.

Pas un ministre, un député ou un sénateur, une association, un média, ne se sont émus de cette situation et ont dénoncé cette illégalité.

Interpellé au mois de juin 2021 par les services de police sur un contrôle banal d'identité, Ali a été emmené en centre de rétention de Vincennes.

Le préfet lui a notifié une obligation de quitter le territoire Français avec interdiction pour lui de revenir pendant une durée de trois ans.

Il a fait un recours devant le tribunal administratif de paris expliquant sa situation et les raisons pour lesquelles il n'avait pu renouveler son titre, faisant valoir les services qu'il avait rendus à la France, mais rien n'y a fait, son recours a été rejeté.

La police d'air et des frontières est venue le chercher et il est aujourd'hui au quartier Bellecourt à Alger.

Quel signal envoyé aux étrangers qui vivent dignement sur notre territoire en situation régulière ? La France, terre d'accueil, pays des droits humains donne un blanc-seing à ses préfets pour expulser tout étranger qui ne renouveler son titre de séjour du fait de la crise sanitaire.

Cette inhumanité (volontaire ?) pousse ces individus dans une situation de mort psychologique.

Ali n'a commis aucune infraction, les préfectures étaient juste fermées. Il était en France depuis quatorze ans et était parfaitement « intégré ».

En fait, en fermant tous les services des étrangers, les préfectures précipitent les étrangers en situation régulière dans la clandestinité et dans l'illégalité.

Clandestins un jour, clandestins toujours.

L'administration ne doit-elle pas être la première à respecter la loi ?

Les étrangers sur le territoire, en situation régulière ou qui avaient pour vocation de le devenir, seront reconduits manu militari dans leur pays d'origine en cas de simple contrôle d'identité.

Pourquoi raconter l'histoire d'Ali ? Parce qu'elle illustre concrètement une des conséquences directes de la loi d'urgence sanitaire sur les populations étrangères vivant en France.

Il faut rappeler à nos responsables politiques que toutes lois ou décisions prises, même en période de crise, ont des répercussions importantes sur le corps et l'âme des hommes et des femmes qui vivent dans notre pays.

Le principe de la permanence des services publics est un principe intangible d'égalité des citoyens devant la loi.

Pendant la crise, les commissariats, les palais de justice, les hôpitaux, les bureaux de poste et tant d'autres administrations sont restés ouverts au public. Les préfectures et plus précisément les directions en charge des étrangers ont fermé leurs portes.

Emmanuel MACRON n'était-il pas au courant que 3,5 millions d'étrangers en situation régulière (sans compter le chiffre obscur des étrangers sans papiers et des mineurs étrangers laissés à la rue) ne pouvaient pas faire valoir leurs droits.

L'article 1er de la déclaration des droits humains inscrite dans la constitution dispose : *« Les hommes naissent et demeurent libres et égaux èn droits. Les distinctions sociales ne peuvent être fondées que sur l'utilité commune »*.

Oui Monsieur le Président, ces femmes et ces hommes, ont des droits comme tout Français, et doivent être protégé par des lois dans un esprit d'égalité et de fraternité et rien ni même une crise sanitaire ne doit vous faire sortir de ce sillon républicain et démocratique.

Enfermé dans votre conseil de défense sanitaire, vous avez violé le texte le plus sacré de notre république : notre constitution dont vous êtes le garant, tout cela pour soi-disant protéger la population d'un mal que vous devez considérer plus important que la vie de millions d'étrangers vivant en France.

La crise sanitaire a permis au président de la République de prendre les pouvoirs absolus d'un monarque de droit divin.

Il a juste oublié qu'il avait été élu par le peuple.

On aurait pu se douter que l'entrée princière d'Emmanuel MACRON sur l'esplanade du Louvre (symbole de la monarchie) le soir de son élection présidentielle et son discours royal tenu à tous les Français étaient les prémices de sa volonté farouche d'exercer le pouvoir seul en toute impunité en écartant de son champ de vision les parlementaires et les juges, mais on était loin d'imaginer que la COVID 19 allait lui donner l'opportunité d'arriver aussi vite à ses fins.

Les réponses politiques apportées à cette pandémie ont souvent été une course du gouvernement après les solutions à apporter à la juste gestion de cette crise.

Ce léger temps de retard a mis en exergue des aberrations dont tout le monde a été témoin et pour certains, victimes.

Emmanuel MACRON n'est finalement pas un habile manœuvrier, cependant, force est de constater que la pandémie qui s'est abattue sur le monde a été une aubaine dont il a su se saisir puisqu'en quelques mois, il a réussi par un tour de passe-passe institutionnel à prendre tous les pouvoirs pour ne laisser que des miettes à son gouvernement et au parlement. Il a sorti de son chapeau un nouveau concept que l'on appellera hygiéniquement le conseil de défense sanitaire.

Il a fallu l'arrivée de cet ennemi invisible, doublé d'une propagande efficace pour que les Français acceptent qu'un virus permette au président de soumettre son peuple à des restrictions jamais connues depuis l'institution de la Vème république.

En effet, si la France vit depuis six ans en état d'urgence, entre 2015 et 2017 (état d'urgence due au terrorisme) et en entre 2020 et 2022 (état d'urgence sanitaire), on peut légitimement se demander si d'être perpétuellement soumis au droit d'exception n'a pas pour conséquence de nous habituer à un nouveau mode de gouvernance plus proche de la dictature que de la démocratie.

Le 16 mars 2020, le Président MACRON est intervenu solennellement dans une allocution diffusée sur toutes les chaines de télévision pour dire que la France était en guerre et il n'a pas employé ce mot au hasard.

À cette époque, les Français ne mesuraient pas encore à quel point le mot « guerre » avait une importance fondamentale et c'est à leur dépend qu'ils comprendront bien plus tard qu'Emmanuel MACRON visait en fait, sans le dire, l'article 16 de la Constitution qui prévoit : *« Lorsque les institutions de la République, l'indépendance de la Nation, l'intégrité de son territoire ou l'exécution de ses engagements internationaux sont menacés d'une manière grave et immédiate et que le fonctionnement régulier des pouvoirs publics constitutionnels est interrompu, le Président de la République prend les mesures exigées par ces circonstances, après consultation officielle du Premier ministre, des Présidents des Assemblées ainsi que du Conseil constitutionnel. Il en informe la Nation par un message. »* Le message est bien passé et il a alors pris toutes les mesures lui permettant de concentrer entre ses mains tous les pouvoirs républicains. Je ne souscris pas aux thèses « complotistes » et je n'y souscrirai jamais. Cependant, je ne m'interdis pas de réfléchir.

Je me refuse d'accepter comme ont dû le faire la majorité des Français, la parole politiquement correcte que nous impose « les marcheurs ». La nuance doit faire partie du débat politique et il ne faudrait pas que le fait de critiquer et de vouloir débattre soit automatiquement taxé de théorie du complot. Je veux garder ma liberté de jugement et d'analyse, il existe une pensée plus fine que celle des « complotistes » qui permet d'apprécier les errements autoritaires du président de la République.

À partir du 9 mars 2020, il était interdit de se rassembler à plus de 1000 personnes, le 17 mars 2020 était annoncé le premier confinement avec la fermeture de tous les services publics.

En effet, le droit de se rassembler, principe constitutionnel de la liberté de manifester, a purement et simplement été balayé au nom de la sécurité sanitaire alors que les métros et les trains ont continué à fonctionner avec leurs lots de dysfonctionnements.

Des milliers de voyageurs se sont retrouvés entassés les uns contre les autres sans aucune protection sanitaire. C'était l'époque où le gouvernement et l'aréopage de médecins médiatisés expliquaient que le masque n'était pas nécessaire, et pour cause, puisque les stocks étaient vides.

La définition du verbe « confiner » donné par le dictionnaire LAROUSSE est le fait « *d'enfermer quelqu'un dans un lieu, le tenir dans d'étroites limites* ».

« *Enfermer quelqu'un dans un lieu* » contre son consentement, même si la loi le lui impose, est une décision qui de fait est une violation manifeste du droit d'aller et venir pour tout être humain. Ce droit a été reconnu droit constitutionnel par une décision du 12 juillet 1979.

« *Le tenir dans d'étroites limites* », c'est asservir l'homme en le privant d'une liberté essentielle, celle de circuler.

A-t-on simplement pensé aux populations urbaines pauvres, qui habitent dans des logements petits et vétustes en ville et aux étudiants à qui l'on a défendu l'accès à l'éducation qui vivent pour la plupart dans des chambres de bonnes de moins de 10 mètres carrés !

Ces tortures physiques et morales ont révélé chez certains de nos concitoyens des pathologies psychiatriques dont ils ne sont pas encore aujourd'hui remis.

L'explosion des violences conjugales et des violences faites aux enfants en sont l'exemple flagrant.

L'accès à l'éducation est lui aussi un principe intangible prévu par la loi de Jules Ferry du 28 mars 1882, qui rend l'instruction obligatoire. Cette obligation s'applique à partir de 3 ans, pour tous les enfants français ou étrangers résidant en France. À l'origine, l'instruction était obligatoire jusqu'à l'âge de 13 ans. La loi du 9 août 1936 l'a rendue obligatoire jusqu'à l'âge de 14 ans.

Le confinement a rendu impossible le respect de ces lois.

S'il a permis momentanément de lutter efficacement contre la pandémie de la COVID 19, il a été néanmoins dévastateur de décréter l'emprisonnement de 66 millions de Français en ne respectant pas les principes fondamentaux de notre république. On peut trouver là les germes d'une dérive autoritaire. On a simplement suivi les autres pays européens qui se sont largement inspirés de la politique sanitaire chinoise.

Tous les pays occidentaux se sont regardés les uns les autres, espérant trouver le remède miracle aux maux qui s'étaient répandus sur la planète. Tous ces pays ont fini par traiter le problème de manière à peu près similaire. Il fallait à tout prix respecter le principe de précaution. C'est ce principe qui avait en son temps, dans l'affaire du « sang contaminé », renvoyé des ministres de la république devant la haute cour de justice.

Le principe de précaution s'impose aux administrations. Il les oblige à développer en leur sein des procédures de prévision et d'évaluation afin de tenter de prévenir les risques majeurs pouvant conduire à l'engagement de leur responsabilité.

Ce principe a été introduit par la loi Barnier du 2 février 1995 sur le renforcement de la protection de l'environnement. Selon ce principe, *« l'absence de certitudes, compte tenu des connaissances scientifiques et techniques du moment, ne doit pas retarder l'adoption de mesures effectives et proportionnées visant à prévenir un risque de dommages graves et irréversibles à l'environnement à un coût économique acceptable ».*

Le Conseil d'État a fait application de ce principe. Dans son arrêt *Association Greenpeace France* du 25 septembre 1998, il a prononcé sur ce fondement un sursis à exécution d'un arrêté du ministère de l'Agriculture et de la Pêche qui autorisait la commercialisation de variétés de maïs génétiquement modifié.

Ce principe a aujourd'hui valeur constitutionnelle. En effet, la révision constitutionnelle du 1er mars 2005 a annexé la Charte de l'environnement à la Constitution. Or, l'article 5 de la Charte dispose : *« Lorsque la réalisation d'un dommage, bien qu'incertaine en l'état des connaissances scientifiques, pourrait affecter de manière grave et irréversible l'environnement, les autorités publiques veillent, par application du principe de précaution et dans leurs domaines d'attributions, à la mise en œuvre de procédures d'évaluation des risques et à l'adoption de mesures provisoires et proportionnées afin de parer à la réalisation du dommage ».*

La crise sanitaire que nous vivons actuellement montre les effets pervers de ce principe. Les administrations ont tellement peur de voir leur responsabilité engagée qu'elles ne réfléchissent plus à ce qui serait la meilleure solution pour aider le pays à sortir de la crise, mais pensent uniquement à se protéger contre d'éventuelles attaques en se cachant derrière l'avis d'experts et en se calquant sur les politiques sanitaires des autres pays, fussent-ils des pays connus pour être des dictatures ou des états autoritaires.

Pourtant, des pandémies mondiales s'étaient déjà abattues au cours du 20e siècle sur le monde, comme la grippe espagnole en 1918 qui a fait entre 20 et 40 millions de morts, la grippe asiatique en 1968 qui a fait deux millions de morts en Chine, et plus près de nous la grippe H1N1 en 2010 qui a fait plus de 18 000 morts rien qu'au Mexique.

Pour exemple, en 1969, une épidémie de grippe mortelle, appelée Grippe de Hong Kong, a touché notre pays.

À l'époque, le président de la République, Georges POMPIDOU, n'avait pas pris de mesures liberticides et autoritaires pour gérer la crise.

Lorsqu'on évoque aujourd'hui cette épidémie, aucune personne interrogée ne se rappelle cet épisode.

Pour les plus âgées, elles avaient bien entendu parler de ce virus, mais n'avaient pas eu l'impression qu'il s'agissait d'une pandémie mondiale ayant infecté entre 250 millions et 1 milliard de personnes et tué entre 1 et 4 millions de personnes dans le monde.

La grippe de Hong Kong a fait plus de 30 000 morts en France entre le mois de décembre 1969 et la fin du mois de janvier 1970. Ce sont les seuls chiffres qui, à l'époque, avaient été communiqués par le gouvernement et il est fort probable, compte tenu de l'état de la science, que le nombre de morts ait été bien plus important que celui de la COVID 19 sur une année.

Cette épidémie ressemblait en tous points à l'épidémie que nous connaissons aujourd'hui, puisque le nombre d'infections et de morts paraissent identiques et pourtant les conséquences politiques n'ont pas du tout été les mêmes.

Pour comparaison, en septembre 2021, la COVID 19 a infecté de 200 millions à 2 milliards de personnes et tué 4 200 000 personnes dans le monde.

Peut-on raisonnablement dire que le président POMPIDOU, farouche républicain et respectueux des institutions de la Vème république s'est rendu coupable de mise en danger de la vie d'autrui et a violé le principe de précaution en ne décrétant pas un état d'urgence sanitaire et en ne réunissant pas autour de lui un conseil de défense sanitaire ?

Était-il inconscient ou n'avait-il que faire de la santé de sa population ? Je ne le pense pas.

Pourquoi alors Emmanuel MACRON a-t-il choisi le terme de guerre pour définir la lutte qu'il faudrait mener contre la pandémie ? Pourquoi soixante ans plus tôt, le président POMPIDOU n'a pas utilisé le même terme, alors que la crise paraissait tout aussi grave ?

La première explication est que la grippe de HONG KONG a eu lieu en 1969, soit 25 ans après la Deuxième Guerre mondiale et 8 ans après la fin de la guerre d'Algérie. Les Français avaient encore en mémoire l'horreur de la guerre.

J'ai honte pour le président de la République qu'il ait pu comparer l'incomparable. J'ai encore plus honte qu'aucun intellectuel ni aucun journaliste n'ait critiqué cette comparaison. La deuxième explication est que depuis le 1er mars 2005 le principe de précaution est devenu un principe constitutionnel.

Les hommes politiques tremblent de voir leur responsabilité pénale engagée en cas de faute par négligence, imprudence ou manquement à un règlement.

Plutôt que de réfléchir sur les mesures intelligentes et efficaces à prendre qui permettraient de sauvegarder l'intégrité physiologique et psychologique de nos concitoyens, le gouvernement a préféré s'aligner sur les premiers à avoir réagi : la Chine, qui a confiné dès le 23 janvier 2020 à Wuhan, suivi par des pays européens comme l'Allemagne le 28 janvier et l'Italie le 29 janvier 2020.

Cette méthode est proprement scandaleuse, car elle a laissé sur le bord du chemin des millions de Français désœuvrés et isolés. Combien seront-ils à ne pas se remettre de ces décisions prises à l'emporte-pièce : les personnes âgées, les jeunes, les sans domiciles fixes où les personnes isolées ?

Le gouvernement ne voulait pas que l'on puisse dire que si les morts recensés avaient été plus nombreux que dans les autres pays, cela aurait été dû à leur négligence coupable. Ce qui n'a pas empêché les imprudences du gouvernement français dans les premiers mois.

La troisième explication et certainement la plus plausible tient dans la notion de « progrès ».

Nous ne sommes pas en 1969 et on pourrait nous rétorquer que la médecine, l'information et la communication, ont fait tant de progrès depuis 50 ans que les gouvernements se soucient différemment de la santé de leur population, ils devaient donc agir, ne serait-ce que par principe de précaution.

Emmanuel MACRON a décrété l'état de guerre sanitaire et ainsi séquestré sa population. Mais, finalement si l'on compare le nombre de cas de personnes hospitalisées et de morts pendant la grippe hongkongaise et pendant la COVID 19, les chiffres sont similaires. Où est le progrès ? Il n'a été visible que dans la gestion spectaculaire des masses. Qui aurait pu penser qu'un gouvernement réussirait à soumettre aussi efficacement la population à ce confinement.

La communication de crise a été utilisée comme un argument marketing pour placer la population dans un état d'anxiété maximum afin de pouvoir justifier toutes les atteintes aux libertés fondamentales qui lui ont été imposées.

Il était ensuite facile de « surfer » sur cette peur et de faire comme si le pays était en guerre, guerre dont les « généraux-médecins-experts » ont décrit les ravages, pour paralyser au sens propre du terme toute la population et ainsi imposer au peuple Français, historiquement révolutionnaire, une cure de sommeil antidémocratique dont on ne sait pas s'il s'en remettra un jour.

Entre le 24 janvier 2020, date de la première annonce des trois premiers cas de COVID en France, jusqu'au 29 avril 2021 date de l'annonce d'un déconfinement progressif, 42 % des Français ont estimé que leurs libertés individuelles étaient de plus en plus menacées et 63 % de la population indiquait ne pas tolérer le traçage téléphonique.

Le Défenseur des Droits a parlé d'une atteinte disproportionnée aux libertés qui vient « *considérablement limiter l'exercice des droits et libertés, telle que la liberté d'aller et de venir, la liberté de réunion, le droit au respect de la vie privée et familiale.* »

Le Président MACRON a transformé cette crise sanitaire, mais aussi économique et politique en une formidable opportunité pour pouvoir gouverner sans opposition ni contre-pouvoir.

Ainsi, nous avons été soumis au diktat du conseil de défense et d'un conseil scientifique qui ont servi de caution au pouvoir, relayant habilement une batterie de chiffres alarmants lors de la conférence de presse quotidienne du professeur SALOMON, président de l'agence nationale de santé et de Michel VERAN, ministre de la Santé.

Nous allions tous mourir demain et si ce n'était pas suffisant, en renfort le Premier ministre, des médecins, des chercheurs, prônaient le repli sur soi, et la politique unique de désengorgement des hôpitaux.

Car enfin, aucune politique de renforcement des moyens mise à disposition des hôpitaux n'a été mise en œuvre. Malgré la pandémie, le gouvernement a continué le démantèlement des services hospitaliers publics. Sans logique apparente ils ont refusé l'aide qu'a proposé d'apporter les services de réanimation des services privés.

Quelques jours avant le confinement Emmanuel MACRON avait déclaré avoir pris conscience de l'importance de nos services publics ct avait promis de mettre tout en œuvre pour les protéger. La suite nous a démontré que c'est l'inverse qui s'est produit.

Le premier réflexe d'Emmanuel MACRON a été de s'entourer de médecins grâce à la création d'un conseil scientifique.

Sous prétexte de nous sauver, nous sommes tous devenus des rats de laboratoire. Plus de vision, plus d'humanité, juste des chiffres affichant le nombre de morts dans les EPHAD et dans des hôpitaux exsangues.

Au début de la pandémie, alors que ces grands professeurs nous déconseillaient de mettre un masque, le mot d'ordre était de faire peur aux populations, de les placer dans un état d'angoisse chronique, comme les rats de Jean Laborie que l'on conditionne au stress et au moment où les chercheurs pensent qu'ils s'y sont habitués, ils meurent de crises cardiaques. Une étude récente de l'O.M.S (Organisation mondiale de la Santé) montre que depuis 18 mois, 85 % des informations distillées dans les médias ont pour but de faire peur.

On imagine comment un agriculteur vivant en campagne sur son exploitation, ou des personnes âgées vivant en EPHAD qui ne reçoivent l'information que par le prisme de la radio ou du petit écran puissent souffrir, comme les rats de Jean Laborie, de pathologies somatiques ou psychologiques dues au stress et à l'angoisse.

De même, les jeunes crispés sur leur téléphone ou sur leur ordinateur qui « scrollent » toute la journée sur les réseaux sociaux reçoivent un tas d'informations contradictoires sur l'épidémie. Ils véhiculent des thèses « complotistes » les plus folles, mais surtout anxiogènes. L'angoisse est montée d'un cran lorsque les écoles et les universités ont été fermées et qu'ils ont été obligés de prendre leurs cours en « distanciel ». Ils se sont alors enfermés dans la peur, la tristesse et l'ennui, sans prise en charge.

Cette démonstration de force des médecins n'a eu pour but que de laisser une terre brûlée sur laquelle le président de la République est venu semer les germes d'un pouvoir autoritaire.

Dès le 23 mars 2020, une loi permettait au président de la République de gouverner par voie d'ordonnances sans le contrôle préalable du parlement, et sans recours possible.

Depuis, un rapport du Conseil d'État du 29 septembre 2021 a tiré la sonnette d'alarme et a indiqué qu'il faudrait inscrire dans la constitution de solides garde-fous procéduraux et des dispositions de nature à garantir l'effectivité des contre-pouvoirs dans ces moments de sidération nationale. L'objectif est de fixer un cadre à ce régime dérogatoire au droit commun et d'éviter comme en 2020 d'inventer à chaque fois de nouvelles règles.

Le rapport du conseil dénonce une propension à « légiférer » par ordonnance pour adapter au plus vite le cadre législatif et règlementaire à la situation nouvelle. Il poursuit : « *le nombre d'ordonnances prises par le gouvernement pendant la crise sanitaire a explosé (plus d'une centaine) au risque d'accentuer une forme de désordre normatif susceptible de perdurer après l'état d'urgence.* »

En effet, la question se pose et se posera sur la manière dont ces ordonnances dites exceptionnelles et transitoires seront traitées après la crise sanitaire. Deviendront-elles caduques ? Il y a fort à parier que de l'exception, toutes ces ordonnances prises finissent un jour par être entérinées par une loi.

Il ne s'agit pas d'un état d'urgence sanitaire, comme aime à le dire tous les communicants du gouvernement, nous sommes bien loin de la loi sur l'état d'urgence tel qu'elle a été appliquée après les attentats du Bataclan, nous sommes véritablement passés dans un régime autoritaire, puisque les ministres ne peuvent plus gouverner, les parlementaires ne peuvent plus voter les lois et les juges ne peuvent plus rendre la justice dans des conditions acceptables.

Lorsque la Vème république a institué, par la combinaison des articles 5 et 16 de la Constitution, un conseil de défense et de sécurité nationale permettant au chef de l'état de devenir le patron de la défense nationale, il était pensé comme un lieu de décision collégiale spécialement réservée à la défense nationale. Depuis 2004, ce conseil a évolué et a donné au président de la République les pleins pouvoirs.

Cette présidentialisation du conseil de défense a permis au chef suprême de se rendre coupable de manquements répétés et a opéré progressivement un basculement totalitaire.

Ce conseil façonne peu à peu l'espace de décision en un lieu où le monarque solitaire se saisit de tous les sujets et opère toutes sortes d'arbitrage en série sans aucun contrepouvoir.

Ce qui était déjà une blessure béante pour la démocratie devient aujourd'hui une blessure mortelle.

Sous l'effet de la crise liée au COVID 19, Emmanuel MACRON a transformé le conseil de défense en « un conseil de crise » écologique, sanitaire et désormais économique, ce qui n'était absolument pas sa vocation première et se trouve en totale contradiction avec la constitution et la loi.

Bruno LE MAIRE, ministre de l'Économie et des Finances, rappelle que : « *son format moins ritualisé parait très adapté et efficace dans la gestion de crise.* »

Cette constatation tente à banaliser le phénomène en valorisant son efficacité, bien que violant les dispositions du code de la défense, court-circuitant les arbitrages interministériels, censés préparer les décisions prises en conseil des ministres.

Ce processus est fait dans le plus grand secret. Pourquoi tous les corps intermédiaires, professeurs de droit public, conseillers, hauts fonctionnaires, ou officiers supérieurs qui assistent à cette dérive manifeste du droit ne condamnent-ils pas son inégalité ?

Il s'agit d'une entrave grave aux institutions de la Vème république. Le parlement lui-même a accordé les quasis pleins pouvoirs au président en votant l'état d'urgence sanitaire, il assiste à une hyper concentration des décisions, un mépris du parlement et une absence totale de transparence de ces réunions du mercredi matin dont on sait peu de choses.

À aucun moment, la constitution et la loi n'ont élargi le champ de compétence de ce conseil.

Aucun pouvoir, qu'il soit réglementaire ou législatif, n'est habilité pour ces violations répétées à l'encontre des normes constitutionnelles.

En définitive, la mutation du conseil de défense décidée par Emmanuel MACRON est symptomatique des dérives de la pratique présidentialiste du régime politique Français.

Non, le vrai lieu de décision ce n'est pas le conseil de défense ; non la constitution n'organise pas la solitude du pouvoir présidentiel !

Il faut se souvenir du précieux conseil du baron de Montesquieu qui disait : « *le pouvoir n'est jamais aussi fort que lorsqu'il est partagé* ». Il revient en premier lieu aux organes parlementaires et juridictionnels de modérer l'action de l'exécutif. Les membres du gouvernement, les premiers, ne devraient pas consentir aux dérives de la présidentialisation. Le dévoiement du conseil de défense en est la plus flagrante illustration.

Si ce conseil a permis au président de masquer ces faiblesses et son impotence à résoudre les questions sanitaires (gestion des masques, gestion des hôpitaux et de son personnel), ce qui est extrêmement dangereux, ce n'est pas qu'en situation de crise le conseil de défense qu'il soit sanitaire ou militaire puisse se réunir afin de prendre des décisions en urgence, non, ce qui est dangereux, c'est qu'il devienne un principe de gouvernance.

Depuis son arrivée au pouvoir, son obsession a été de combattre la lenteur des prises de décisions au sommet de l'état. Il veut désormais faire exécuter ses décisions en très peu de temps, sans contrepouvoir, il dira à ses proches : « *ça aurait été impossible de gérer la crise avec une gouvernance classique… on tirait une manette à Paris, ça ne répondait pas à l'autre bout de la France* ».

Au nom de l'efficacité et de l'urgence à combattre l'épidémie de la COVID 19, Emmanuel MACRON piétine allègrement les principes démocratiques.

Les administrations et les parlementaires ne sont plus sollicités, ce qui évite, selon lui, des discussions interminables et considère en privé que de toute façon, ils ne sont pas efficaces, car ils seraient en « burn-out ».

Il est pourtant grave que des décisions qui n'ont aucune urgence et qui ne concernent absolument pas la société française soient prises au sein de ce conseil.

Le président est bien conscient qu'avec ces conseils de défense sanitaire inédits, il a provoqué un glissement institutionnel. Pour rassurer les Français, en vrai démocrate, il n'hésite pas à proclamer qu'il a l'intention de le dissoudre une fois la crise terminée, mais combien de mois, voire d'années faudra-t-il ?

Emmanuel MACRON, lui, a bien compris que pour diriger la France selon son bon vouloir, il faut déléguer le moins possible et prendre seul toutes les décisions concernant le pays.

C'est un grand tour de magie qu'a réussi à faire encore une fois notre président qui nous avait déjà surpris dans sa course pour l'accession au pouvoir.

Il a réussi à manipuler le parlement pour obtenir les pleins pouvoirs au nom d'une crise sanitaire qui aurait pu être gérée sans faire appel à un conseil de défense.

Il nous promet que les réunions du mercredi matin au conseil de défense ne sont que transitoires. Si l'on regarde le calendrier, les élections présidentielles étant en avril 2022, on s'aperçoit que ce conseil ne sera pas dissous avant les élections, et qu'il va donc pouvoir gouverner seul et sans contre-pouvoir jusqu'à sa possible réélection.

Cela augure de dangers éminents pour la démocratie Française et ce n'est pas l'agitation des parlementaires, des corps intermédiaires, des syndicats ou des médias souvent duplices qui permettront un retour à la démocratie.

On pourrait même imaginer en faisant un peu de politique-fiction, qu'une nouvelle crise permette au président d'annuler les futures élections présidentielles au nom de l'urgence et de la gravité de la situation, décision qui serait alors prise en conseil de défense, sans aucune concertation, et permettrait ainsi à notre président de prendre des habitudes que certains oligarques ont déjà largement éprouvé.

C'est vrai, cela est de la pure fiction, mais les institutions telles qu'elles ont été transformées rendent cela possible.

Ce qui est terrible, c'est que le tour de passe-passe a hypnotisé totalement la population qui ne réagit plus aux coups de boutoir que donne tous les jours le président de la République et je ne suis pas sûr que la seule force des gilets jaunes puisse réveiller le peuple.

Sous prétexte de nous sauver, nous êtres humains, politique généreuse du « quoiqu'il en coûte », tout le monde a été mis au pas par le conseil de défense et personne n'a bronché.

De cafouillage en cafouillage, le conseil de défense et sa caution morale, le conseil scientifique, ont établi que la vaccination était le passeport pour permettre à la population française de pouvoir reprendre une vie normale.

Le 21 juillet 2021, le pass sanitaire était voté par le parlement,

Le 21 janvier 2022, alors qu'un nouveau variant « omicron » touchait presque 10 % de la population française sans mettre réellement sous tension les services hospitaliers, le pass vaccinal a été voté par le parlement, désormais simple chambre d'enregistrement de la volonté politique du conseil de défense.

La majorité des Français, choquée et abattue par ces longs mois de privation, a accepté ce deal pour enfin sortir de l'obscurité.

Le premier qui oserait s'opposer à la méthode gouvernementale serait tout de suite taxée de « complotiste », ou pire, de criminel.

Et pourtant, deux lois des 31 mai et 5 août 2021 avaient organisé la gestion de sortie de crise sanitaire.

Le variant « omicron » sera une nouvelle opportunité pour le président de mettre sous le tapis une possible sortie de crise avant les élections présidentielles.

Sous prétexte d'enrayer la propagation du virus et de ses variants, trois mesures contraignantes et attentatoires aux libertés individuelles ont été imposées aux Français : l'obligation de se placer à l'isolement en cas de contamination à la COVID 19, le pass sanitaire et le pass vaccinal.

Je sais que la Chine, connue pour son excellence dans le respect de la démocratie et des droits humains a pris des mesures bien plus draconiennes et plus privatives de liberté, mais je n'aimerais pas que l'on puisse comparer la France des lumières à la Chine totalitaire de Xi Jinping.

Les mesures prises par l'état français sont, quoi qu'il en soit, critiquables, et même si le Conseil constitutionnel a validé le 5 août 2021 le pass sanitaire, il n'empêche qu'il reste une atteinte aux libertés individuelles et qu'il faut le dire.

C'est une atteinte aux libertés fondamentales parce qu'il viole le principe d'égalité.

Pour exemple, aujourd'hui la présentation d'un pass sanitaire est exigée de tous les salariés, les salariés sont tous exposés au même risque de contamination au virus et d'autant plus lorsqu'ils prennent les transports en commun.

En prévoyant que le défaut de présentation du pass sanitaire constitue une cause de rupture des seuls contrats de travail à durée déterminés ou des missions, le parlement a institué une différence de traitement inédite entre tous les salariés selon la nature de leur contrat de travail ce qui représente une violation du principe d'égalité des citoyens devant la loi.

Quant au placement à l'isolement des personnes positives à la COVID 19, pour une période de dix jours, sans qu'aucune appréciation ne soit portée sur leur situation personnelle, cela représente une atteinte caractérisée à la liberté individuelle.

C'est une mesure parfaitement inadaptée et disproportionnée parce qu'aucun scientifique n'est capable d'affirmer qu'une personne infectée, si elle respecte scrupuleusement les gestes barrières, soit dangereuse pour le reste de la population.

Cet isolement peut entraîner des conséquences psychologiques extrêmement graves sur certaines personnes comme les personnes âgées ou les personnes ayant développé une pathologie psychiatrique.

Le plus grave est la mise en place du pass vaccinal qui ne laisse plus aucune chance aux non-vaccinés de vivre en société. Pour ceux qui ne voudront pas ou qui ne pourront pas se faire vacciner, le confinement sera obligatoire. Quelle grave violation au principe de l'égalité des citoyens devant la loi. (police et restaurateur, cni, milice)
Ces mesures seraient supportables si on était sûr qu'elles ne soient que transitoires.

Elles doivent être exceptionnelles puisque le monde sortira un jour de cette pandémie.

Il ne devrait donc n'y avoir aucun risque pour nos libertés.

C'est pour cela que l'on accepte tacitement de restreindre nos libertés individuelles pour combattre l'épidémie, même si la méthode employée est brutale et antidémocratique. Cependant, comme toujours dans ce genre de situation, et cela a été le cas pour toutes les lois qui ont été prises en situation de crise (je pense à l'état d'urgence, adopté pour lutter contre le terrorisme), ces mesures d'exception censées nous protéger deviennent la règle, sans retour en arrière, aucun, et mettent ainsi à bas les lois fondamentales qui régissent l'organisation de notre société démocratique.

Quand on pense qu'une corporation élevée au rang d'experts, pour certains choisis uniquement par le président de la république et réunis dans le cadre d'un conseil dit « scientifique », ont influencé la gouvernance de notre pays pendant plusieurs mois, sans qu'aucune concertation avec le parlement ni contrôle des juges ne soit requis, cela peut faire froid dans le dos.

Ces médecins ont été le bras armé de la propagande du président. Ils sont montés au front pour alimenter pendant des mois de leurs discours toujours plus alarmistes les plateaux des chaînes d'information en continu du matin jusqu'au soir. Parce qu'ils étaient médecins, ils avaient forcément raison.

Ce que j'ai vu alors m'a abasourdi, les médecins présents sur les antennes étaient tous devenus de grands professeurs agrégés de médecine. La plupart d'entre eux avaient des spécialités aussi variées que la néphrologie, la pédiatrie, la gériatrie, la gastro-entérologie, les urgences ou la réanimation.

Très peu de virologues ou d'épidémiologistes ont eu l'occasion de s'exprimer sur les ondes, ou alors leurs discours contradictoires ne faisaient qu'augmenter l'anxiété générale.

Quel bilan peut-on faire de cette politique de crise ? Beaucoup d'errements du gouvernement, des ratés, des abus, mais quoi qu'il en soit, le rapt du pouvoir par le président lui aurait permis d'agir pour limiter la casse.

La France se relève doucement de son traumatisme. On ne va pas taxer Emmanuel MACRON de malignité.

Au nom de l'efficacité, il a fait fi de la séparation des pouvoirs.

Et même au sein du pouvoir exécutif, il a violé délibérément l'article 20 de la constitution qui dispose que « *le Premier ministre et son gouvernement déterminent et conduisent la politique de la nation, disposent de l'administration et de la force armée* ».

Emmanuel MACRON, comme il en a toujours rêvé, est devenu Jupiter, il s'est placé au-dessus de la constitution elle-même, sous prétexte de protéger le peuple il a réuni tous les pouvoirs entre ses mains et décide en mode « commando » ce que sera la politique du pays tous les mercredis avant le Conseil des ministres.

Cette violation des institutions illustre parfaitement la pratique présidentialiste de la Ve république comme une sorte d'antithèse de tout ce qui devrait caractériser le régime parlementaire institué par la constitution : la transparence du pouvoir délibératif, l'efficacité du fait majoritaire, la collégialité de la décision, et la responsabilité du pouvoir.

Le conseil de défense dévoyé devient un espace privilégié du chef de l'état pour déployer son autorité et comme un lieu de plus en plus indispensable, pour mettre en scène sa concentration du pouvoir.

Cela confirme la dérive présidentialiste qui existe depuis la réforme constitutionnelle du quinquennat et le rapprochement des élections législatives désormais placées juste après les élections présidentielles.

La question est toujours la même, et l'on nous dira qu'Emmanuel MACRON ne sera jamais un dictateur, car c'est un homme censé, démocrate et républicain, mais il ouvre la porte à de telles dérives antidémocratiques et antirépublicaines que des esprits mal intentionnés pourraient bien se les approprier. Certains l'ont déjà bien compris, et se sont engouffrés dans la brèche.

Au-delà de cette injustice criante qui déséquilibre nos institutions, cette manœuvre permet au chef de l'état d'imposer une politique toujours plus dure fragilisant les plus faibles et aggravant les injustices sociales.

De crise en crise, la république et ce qui faisait sa force sont abîmés. On ne voit pas dans la politique menée par le président la volonté de la restaurer.

Le jour où nous nous réveillerons du cauchemar sanitaire que nous vivons aujourd'hui, nous nous apercevrons des dégâts et des blessures faites à la démocratie, il sera certainement trop tard pour revenir en arrière.

Ce n'est pas un conseil de défense militaire qui a été mis en place pour lutter contre la pandémie, mais un conseil de défense sanitaire qui se réunit en secret toutes les semaines,

À quoi sert alors la constitution de la Vème République si la séparation des pouvoirs est totalement bafouée ?

Pour exemple, aurait-on pu imaginer que le général de Gaulle, père de la constitution, après avoir réuni un conseil de défense compte tenu de l'urgence absolue que la situation lui imposerait, prenne une décision futile qui serait celle de la réouverture d'un parc d'attractions ?

À en croire le journal LE FIGARO, il a suffi d'un échange téléphonique entre Philippe DE VILLIERS et le président de la République, où il lui aurait dit qu'il était « scandaleux » que le Puy du Fou reste fermé alors que les parcs zoologiques ou le Mont Saint Michel ouvraient leurs portes pour qu'Emmanuel MACRON décide de rapatrier le dossier à l'Élysée et de le traiter au conseil de défense. Parce qu'au conseil de défense, c'est lui le patron.

Même si à l'époque, Édouard PHILIPPE s'est ému de cette situation, le président a quand même pris cette décision.

Le conseil de défense n'est pas la cour du roi, et Monsieur DE VILLIERS, fut-il courtisan, ne devrait pas passer avant l'intérêt supérieur de l'état.

Mais que le roi prenne garde, car des vents extrémistes ont une puissance de feu et de nuisance importante et savent nager en eaux troubles sur les ruines de la république.

Le président est aujourd'hui en campagne électorale, il est candidat à sa réélection et va tenter de faire concurrence aux thèmes de prédilection de sa principale opposante, Marine LE PEN, en continuant à jouer sur la peur des Français.

Il lui faut donc tous les jours trouver des nouvelles alarmantes sur le front de la pandémie.

Il pense attirer l'attention des Français sur la peur qu'ils peuvent avoir de la mort et ainsi rivaliser avec les thèses racistes et xénophobes véhiculées par l'extrême droite.

Il ne vous aura pas échappé que le thème principal des mouvements extrémistes est d'expliquer que la France est un pays à la dérive, que les clignotants économiques sont au rouge, que les demandeurs d'emploi sont toujours plus nombreux, que l'insécurité grandit, et que si l'on y prend garde, demain les musulmans de France « tous des religieux radicaux », auront pris le pouvoir et imposeront comme les talibans en Afghanistan, la charia.

C'est donc pour eux la faute des émigrés, mais aussi des enfants d'émigrés Français si le pays va si mal.

La seule solution serait d'expulser tous les émigrés, de déchoir de la nationalité Française tous les binationaux qui commettraient une infraction sur le territoire pour éviter cette fameuse théorie du grand remplacement.

Emmanuel MACRON n'est pas le dernier des « imbéciles » et a compris depuis longtemps qu'un des thèmes centraux de la campagne électorale sera axé sur la lutte contre l'immigration et les migrants et contre l'islamisme radical dont certains le confondent avec l'islam tout court.

Le président a donc mis en place, grâce à la pandémie de la COVID 19, une politique liberticide qui pourrait séduire certains de nos concitoyens, qui ne parle pas du danger que représentent les étrangers et plus précisément les étrangers en France, mais qui fonctionne sur le même ressort, la peur.

Cette stratégie est vouée à faire échec aux thèses du rassemblement national et à d'autres extrémistes. Il veut couper l'herbe sous le pied de Marine LE PEN.

Emmanuel Macron n'envisage pas les étrangers comme des citoyens à part entière, car ce ne sont pas des électeurs à part entière, tout au plus, mais on s'est bien qu'il se ralliera à ses thèses le moment venu.

C'est avec le plus grand mépris affiché qu'il a donc fermé les préfectures en mars 2020. *Ceux qui ne comptent pas…*

Il a empêché à des millions des personnes étrangères de pouvoir solliciter un titre de séjour ou de renouveler leur carte de résident. Le président viole les lis de la république qui encadre le renouvellement ou la régularisation des étrangers en France.

En fermant les préfectures, ces personnes ne peuvent pas faire valoir leur droit.

Dans quelle démocratie vivons-nous ?

Candidat à a propre réélection, Emmanuel MACRON, fort de sa manœuvre pourra se targuer, à l'entre-deux tours, d'avoir mené une politique d'immigration sévère, car sans nouvelle régularisation des sans-papiers.

En réalité sa politique du mépris aura gonflé le chiffre obscur du. Nombre de personnes en situation irrégulière sur notre territoire.

Ces femmes et ces hommes à qui l'on interdit de séjourner en France, d'y travailler, d'y fonder une famille, mais aussi d'y payer des impôts et des charges sociales, sont bien doués de raison et de conscience, raison et conscience de nos jours torturées à des fins aujourd'hui strictement électoralistes.

Les thèmes de l'immigration et de l'insécurité sont, c'est vrai, des thèmes à la mode.

Ils viennent en deuxième position des préoccupations des Français, selon les sondages actuels, juste après l'angoisse qu'ils peuvent avoir de la pandémie.

Emmanuel MACRON manipule ces deux thèmes pour renforcer son pouvoir, même si pour cela la démocratie doit en être la victime principale.

À jouer à l'apprenti sorcier, il pourrait être dépassé par des vrais partisans de la haine.

Les candidats d'extrême droite ne peuvent que se frotter les mains en se disant que s'ils arrivent au pouvoir, le conseil de défense, qu'il soit sanitaire ou pas, sera un excellent moyen pour gouverner et pour asservir toutes les couches de la population et éviter toutes contestations et tout contre-pouvoir.

ÉPILOGUE

J'ai aujourd'hui 58 ans et je pourrais me dire qu'après tout ce que j'ai vécu et vu de la justice pénale, il serait grand temps que je raccroche ma robe et que je m'exile dans un pays chaud dans lequel je pourrai trouver un peu de douceur et de tranquillité de vivre, à l'ombre d'un cocotier sur une plage de sable blanc.

Je dois dire honnêtement que si j'ai pu supporter pendant toutes ces années les humiliations et les mauvais traitements que subissaient mes clients, c'est parce que, peut-être par idéalisme, j'ai toujours cru que la femme ou l'homme gardait en soi quelque chose de bon.

Pourtant, j'ai côtoyé la face monstrueuse de l'humain. J'ai connu des pères incestueux qui n'hésitaient pas à frapper leurs enfants à coups de câbles électriques jusqu'à ce qu'ils acceptent une relation sexuelle.

J'ai connu des meurtriers qui tuaient leur femme à coups de batte de baseball, à coups de pioche dans le cœur.

J'ai connu des hommes capables de tomber amoureux de leur animal de compagnie.

J'ai connu aussi la misère humaine de toutes ces femmes et ces hommes sortant de garde à vue et montant du dépôt pour être présentés à un juge d'instruction, toxicomanes en manque, perclus de douleurs, vomissant tripes et boyaux à qui on ne donnait même pas une serviette pour s'essuyer.

Oui, j'ai des souvenirs d'hommes entravés aux mains et aux pieds, d'odeurs nauséabondes, de mis en examen tenus en laisse pendant la reconstitution de leur crime, des hommes réduits à l'état d'animal qui enduisaient leur cellule de leurs excréments pour obliger les surveillants à venir, une façon pour eux d'avoir un contact humain dont ils étaient privés depuis plusieurs mois.

J'ai connu des cellules de contention où l'on attachait les détenus sur une planche de bois par les pieds et par les mains, des cellules capitonnées pour éviter qu'ils ne se suicident en se tapant la tête contre les murs. Ils finissaient par arracher la mousse et l'avaler pour en finir avec la vie.

Mais j'ai aussi connu la douleur de toutes ces victimes, le plus souvent des femmes violentées, violées, et parfois tuées par balles ou par des coups de couteau répétés jusqu'à ce que l'agonie s'achève.

Toutes ces victimes ne se remettront jamais de l'horreur qu'elles ont pu vivre et pour celles qui ont disparu, c'est leur famille qui ne pourra jamais faire le deuil de leur mort.

Et pourtant, j'ai toujours cherché à savoir ce qu'il pouvait rester d'humain chez chacun de ces criminels, même si la psychiatrie disait ne pouvoir rien faire pour eux.

Je me suis toujours évertué à écouter et tenter de soulager la douleur psychologique des victimes ou de leur famille pour les préparer au mieux à l'épreuve de l'audience et à leur vie future.

Je n'ai pu faire cela que parce que je croyais en la justice même si je la savais imparfaite, et je me disais que même si le droit était un cadre qui permettait de pouvoir faire écran entre l'horreur des crimes et la douleur des victimes, les juges étaient capables d'humanité.

C'est le quotidien de la vie judiciaire que j'ai racontée tout au long de ce récit et même si pour changer les choses le combat politique est nécessaire et indispensable.

Je me disais que dans le secret d'un bureau où se retrouvent un juge, son greffier, le mis en cause et sa victime, ou dans la salle d'une cour d'assises, haut lieu de la tragédie, puisqu'enfermée dans une unité de lieu de temps et d'action, où le peuple souverain est le juge d'un jour, il pouvait encore se passer un miracle que seul l'être humain était capable de générer.

Je l'ai vécu parfois ce miracle et j'ai vu des criminels reprendre visage humain, des victimes soulagées parce que la justice était passée et des juges attentifs et bienveillants à l'égard de leur prochain. C'est certainement ce qui m'a permis de garder espoir pendant toutes ces années.

Mais malheureusement, sans trop comprendre pourquoi, peut-être est-ce un fait de société, une dérive culturelle de nos sociétés occidentales, l'homme n'a plus été au centre des préoccupations de nos hommes politiques.

Les règles qui régissent nos institutions ont été au fur et à mesure des derniers quinquennats dévoyés par les différents occupants du palais de l'Élysée. La séparation des pouvoirs, piliers de la république garantissant la démocratie, a peu à peu disparue au profit de la concentration des pouvoirs entre les mains du président. Pour se faire, les députés par un tour de passe-passe sont devenus les godillots de la république. Les juges ont été critiqués d'un côté pour leur laxisme, et de l'autre pour leur parti pris à vouloir condamner des hommes politiques corrompus.

Comme cela, le pouvoir exécutif a récupéré les fruits de sa manœuvre et a institué une dictature de la peur interdisant notamment aux juges de travailler avec humanité.

Le système dont ils sont le produit ne veut plus entendre parler de la part charnelle de la justice.

C'est la démocratie qui est en danger, car à vouloir bâillonner les libertés publiques en instituant toujours plus de répression, on a restreint à sa part congrue les libertés individuelles, si bien qu'aujourd'hui il n'est pas étonnant que le peuple se raccroche à ce qui lui semble rester d'humanité : la religion et la politique.

Ces religions et ces mouvements politiques, emplis d'une démagogie insupportable, ont séduit les plus fragiles d'entre nous et ont permis à l'extrémisme de faire son terreau de la situation.

La justice n'a pas laissé sa part aux chiens, elle est devenue froide et inhumaine, toujours plus répressive.

Les nouveaux juges ont été formés pour s'aligner sur ce nouveau genre.

J'ai choisi d'être avocat parce que et je me suis toujours battu pour un idéal de liberté et de respect des droits humains, il n'y a aucune raison que je ne continue pas ce combat et c'est pour cela que j'ai voulu dénoncer avec force et vigueur les dérives toujours plus importantes de nos institutions républicaines.

Je ne veux pas croire que la justice n'ait plus de cœur, je l'entends vibrer dans le mien et je plaiderai jusqu'au bout pour une justice humaine.

Table des matières

GLOSSAIRE

[1] Le *Contrat Social* de Rousseau, dont le titre complet est *Du contrat social ou Principes du droit politique* (1762) est une analyse de la relation contractuelle pour tout gouvernement légitime, de telle sorte que soient articulés les principes de justice et d'utilité, afin de concilier l'aspiration au bonheur avec la soumission à l'intérêt général. Il s'agit de l'ouvrage majeur de Jean-Jacques Rousseau, au cœur de sa philosophie.

[2] L'Esprit des lois est publié en 1748, à Genève et sans nom d'auteur, de manière à éviter la censure. Ce livre présente les réflexions politiques de Montesquieu. Il décrit les différentes formes de gouvernement (monarchie, aristocratie, république, despotisme…) et les lois qui conviennent à celles-ci. On y trouve sa célèbre théorie de la séparation des pouvoirs.

[3] Le juge d'instruction est un magistrat du siège du Tribunal Judiciaire. Il intervient avant l'éventuel procès pénal en vue de réunir tous les éléments permettant de déterminer si les charges à l'encontre des personnes poursuivies sont suffisantes pour que celles-ci soient jugées. *Droit et finances 2019.*

[4] Le procureur de la République est un magistrat, chef du Parquet auprès d'un tribunal de grande instance, d'un tribunal de première instance ou d'un tribunal supérieur d'appel. Représentant du ministère public, il est destinataire des plaintes, signalements, dénonciations, déclenche l'action publique, dirige les enquêtes et décide des éventuelles poursuites à engager contre tout auteur d'infraction. Au cours d'un procès, le procureur, ou ses substituts, demande l'application de la loi. Ils interviennent aussi en matière civile, dans certains cas prévus par la loi, par exemple en matière d'état des personnes (tutelle, filiation, adoption...), de protection des mineurs, liquidation de biens, contrôle de l'état civil et des officiers publics et ministériels et intervient également devant les juridictions commerciales et prud'homales.
Source : Ministère de la Justice. Septembre 2019.

---

[5] L'aide sociale à l'enfance est, depuis les Lois de décentralisation de 1983, un service du Département, placé sous l'autorité du président du Conseil départemental et dont la mission essentielle est de venir en aide aux enfants et à leur famille par des actions de prévention individuelle ou collective, de protection et de lutte contre la maltraitance. Lorsqu'un mineur ne peut être maintenu dans sa famille, l'aide sociale à l'enfance est chargée de répondre à l'ensemble de ses besoins. Il est alors accueilli soit dans une famille d'accueil agréée soit dans un établissement d'enfants à caractère social. Pour accomplir ses fonctions, ce service est doté de personnel administratif, de travailleurs sociaux et de psychologues. *Wikipédia 2019.*

[6] L'affaire Christian Ranucci est le procès médiatisé de Christian Ranucci lequel s'est conclu par la condamnation à mort pour l'enlèvement et le meurtre, le 3 juin 1974, de Marie-Dolorès Rambla, âgée de huit ans. Il est le premier condamné à mort guillotiné sous le septennat de Valéry Giscard d'Estaing. *Wikipédia, 2019.*

[7] L'affaire Maëlys est une affaire criminelle française qui a pour point de départ la disparition inexpliquée d'une fillette de huit ans, Maëlys de Araujo, le dimanche 27 août 2017 vers trois heures du matin, lors d'une réception de mariage dans la salle des fêtes de la commune de Pont-de-Beauvoisin, en Isère. *Wikipédia, 2019.*

[8] Nordahl Lelandais, né le 18 février 1983 à Boulogne-Billancourt, est un criminel français. Il est accusé d'avoir commis plusieurs meurtres et agressions sexuelles sur mineures de 15 ans.

[9] Magistrat de la cour d'appel ayant les fonctions de Procureur de la République devant la cour d'assises.

[10] La mort de Shaoyao a lieu le 26 mars 2017 à Paris. Ce ressortissant chinois est tué par la police lors d'une intervention à son domicile. Sa famille dénonce une bavure policière, alors que la légitime défense est plaidée par la police.

[11] Brigade anti-criminalité.

[12] *L'Express, 28 mars 2017.*

[13] La Chine a haussé le ton après. Le ministère chinois des Affaires étrangères a demandé mardi à la France de faire « toute la lumière » sur cette affaire. Elle a également demandé de protéger la « sécurité et les droits » de ces ressortissants. *Le Parisien, 29 mars 2017.*

[14] La Chine a haussé le ton après. Le ministère chinois des Affaires étrangères a demandé mardi à la France de faire « toute la lumière » sur cette affaire. Elle a également demandé de protéger la « sécurité et les droits » de ces ressortissants. *Le Parisien, 29 mars 2017.*

[15] Ghedir c. France (requête no 20579/12)
Cette affaire portait sur la question de la satisfaction équitable à la suite de l'arrêt rendu par la Cour le 16 juillet 2015 et qui concernait des allégations de mauvais traitements lors d'une interpellation dans une gare par des agents de surveillance de la SNCF (société nationale des chemins de fer français) et des policiers. La Cour avait jugé, à l'unanimité, qu'il y avait eu violation de l'article 3 (interdiction des traitements inhumains ou dégradants) de la Convention européenne des droits de l'homme s'agissant des traitements infligés au requérant et non-violation de l'article 3 concernant la façon dont les investigations avaient été menées. Relevant que les investigations avaient conduit à la réunion d'éléments contradictoires et troublants, la Cour avait notamment estimé que les autorités Françaises n'avait pas fourni d'explication satisfaisante et convaincante sur les lésions du requérant, dont les symptômes s'étaient manifestés alors qu'il se trouvait entre les mains des fonctionnaires de police. Elle avait donc conclu qu'il existait un faisceau d'indices suffisant pour retenir une violation de l'article 3. L'arrêt de ce jour concernait la question de l'application de l'article 41 (satisfaction équitable) de la Convention. Satisfaction équitable : 6 500 000 euros (EUR) pour préjudices matériel et moral, ainsi que 39 950 EUR pour frais et dépens

[16] Olivier Beziade a été blessé à la tête le 12 janvier 2019 par un tir de LBD 40. Plongé dans un coma artificiel, puis immobilisé quatre-vingt-dix jours, il souffre toujours d'hémiplégie.

[17] Sa grosse barbe et son chapeau l'avaient rendu célèbre parmi les gilets jaunes, son œil bandé l'a transformé en "symbole" : blessé à un œil lors d'une manifestation le 26 janvier, Jérôme Rodrigues est devenu un emblème du combat contre les violences policières.

[18] 18 mois après avoir perdu son œil gauche suite à un tir de projectile lors d'une manifestation des gilets jaunes à Paris, Manuel Coisne a reçu 30 000 euros d'indemnisation provisoire. Une première victoire pour lui, qui souhaite surtout voir le policier auteur du tir condamné.

[19] L'affaire Cédric Chouviat est une affaire judiciaire française née à la suite de l'interpellation violente, le 3 janvier 2020, de Cédric Chouviat, étranglé et plaqué au sol par des policiers à Paris. Il meurt 48 heures plus tard.

[20] L'affaire Michel Zecler est une affaire judiciaire française née à la suite d'accusations de violences policières à l'encontre du producteur de rap Michel Zecler, 41 ans. La diffusion de la vidéo de son interpellation par une équipe de policiers du quartier et des nombreux coups qu'il a reçus alors qu'il rentrait dans son studio d'enregistrement le 21 novembre 2020 a connu un fort retentissement médiatique et politique, dans le contexte en France de dénonciation de violences policières et de la discussion à l'Assemblée nationale de la contestée proposition de loi relative à la sécurité globale. Quatre policiers ont été suspendus le temps de l'enquête puis mis en examen le 30 novembre 2020. Deux d'entre eux sont immédiatement écroués, puis libérés le 22 décembre 2020, sous contrôle judiciaire strict, les deux autres sont placés sous contrôle judiciaire.

[21] Rapport de l'ACAT : L'ordre et la force, 14 mars 2016.

[22] Un homme handicapé a été contrôlé par la police lundi soir sur un quai de la gare de Lyon. Pour prouver sa bonne foi, il affirme avoir dû retirer ses prothèses devant les policiers. Une version contestée par les policiers.

[23] L'affaire Adama Traoré est une affaire judiciaire française qui a pour origine la mort d'Adama Traoré, jeune homme âgé de 24 ans, le 19 juillet 2016 à la gendarmerie de Persan (Val-d'Oise), après son interpellation à Beaumont-sur-Oise, alors qu'il tentait de fuir un contrôle concernant son frère aîné. Sa mort interpelle le grand public à la suite de la médiatisation de bavures policières en France et à l'étranger. Ainsi, l'instruction s'oriente autour d'allégations d'homicide involontaire, d'entraves à l'enquête et de non-assistance à personne en danger.

[24] L'affaire Théo est une affaire judiciaire française relative à l'arrestation d'un homme de 22 ans, Théodore Luhaka, connu sous le prénom de Théo, le 2 février 2017 dans le quartier de la Rose-des-Vents à Aulnay-sous-Bois, en Seine-Saint-Denis. Lors de l'interpellation, la matraque d'un des policiers déchire le sphincter de la victime sur dix centimètres, résultant en une infirmité permanente nécessitant des soins quotidiens.

[25] France culture, 27 juillet 2018.

[26] Ibrahim Awwad Ibrahim Ali al-Badri al-Samarraï ditAbou Bakr al-Baghdadi al-Husseini al-Qourachi, anciennement Abou Du'a, est un djihadiste irakien. Il est à partir de 2010 le chef, puis de 2014 à sa mort le « calife » de l'organisation terroriste et salafiste djihadiste État islamique. Membre d'Al-Qaïda en Irak après le début de la guerre d'Irak, il succède en 2010 à Abou Omar al-Baghdadi à la tête de l'État islamique d'Irak. Après avoir rompu avec al-Qaïda, il est proclamé « calife » par l'État islamique, sous le nom d'Ibrahim, le 29 juin 2014, premier jour du mois de ramadan. Il affirme alors ainsi devenir le commandeur des musulmans, mais n'est cependant pas reconnu légitime comme tel par les principales autorités musulmanes, ni même par l'ensemble des groupes salafistes djihadistes. À partir de 2014, lors de la seconde guerre civile irakienne et de la guerre civile syrienne, il forme un proto-État en Irak et en Syrie et reçoit l'allégeance de plusieurs groupes djihadistes à travers le monde. Son organisation se signale alors par ses attaques terroristes dans de nombreux pays d'Asie, d'Afrique, d'Europe et d'Amérique du Nord et se rend responsable de crimes de guerre, de crimes contre l'humanité et de génocide dans les nombreux conflits armés dans lesquels elle se retrouve impliquée.
En 2016, le département d'État des États-Unis offre une récompense pouvant aller jusqu'à 25 millions de dollars pour des informations ou des renseignements permettant sa capture ou sa mort. Il trouve la mort dans la nuit du 26 au 27 octobre 2019, lors d'une opération américaine à Baricha, dans le nord-ouest de la Syrie.

[27] Mohammed Merah est un terroriste islamiste franco-algérien. Il est l'auteur des tueries de mars 2012 à Toulouse et Montauban.

[28] Chérif Kouachi, et Saïd Kouachi, sont des terroristes français auteurs de l'attentat contre le journal *Charlie Hebdo*, qui a eu lieu à Paris le 7 janvier 2015 et a entraîné la mort de douze personnes. Ils se sont revendiqués d'Al-Qaïda du Yémen.

[29] Amedy Coulibaly, est un terroriste islamiste français, un des auteurs des attentats de janvier 2015 en France. Le 8 janvier 2015, au lendemain de l'attentat contre le journal *Charlie Hebdo*, il tue une policière et blesse grièvement un agent de voirie, il commet une prise d'otages dans une supérette casher située à Paris, en se réclamant de l'État islamique, assassinant quatre personnes de confession juive, dont trois clients et un employé.

[30] Salah Abdeslam, est un terroriste djihadiste français. Affilié à l'État islamique, il est impliqué dans les attentats du 13 novembre 2015 qui ont fait 131 morts en région parisienne.

[31] L'assassinat de Samuel Paty, aussi désigné comme l'attentat de Conflans-Sainte-Honorine, est une attaque terroriste islamiste perpétrée le 16 octobre 2020.
Samuel Paty, professeur d'histoire-géographie est assassiné par arme blanche et décapité peu après être sorti de son collège de Conflans-Sainte-Honorine.

[32] Une médersa, ou madrassa ou école coranique, est une université théologique musulmane.

[33] L'attentat de la gare Saint-Charles de Marseille est un acte terroriste islamiste1 commis le 1er octobre 2017 à la gare de Marseille-Saint-Charles par Ahmed Hanachi, au cours duquel deux jeunes femmes sont tuées à l'arme blanche. L'assaillant est tué par des militaires d'une patrouille de l'opération *Sentinelle*. L'attaque est revendiquée par l'État islamique dans les heures qui suivent les assassinats.

[34] Mohamed Salmene Lahouaiej-Bouhlel était un terroriste tunisien vivant en France qui a perpétré l'attaque au camion de Nice en 2016, au cours de laquelle il a conduit un camion dans une foule célébrant le jour de la Bastille sur la Promenade des Anglais à Nice, en France, tuant 86 personnes et en blessant 434 autres.

[35] Alain Supiot, né le 5 juin 1949 à Nantes, est un juriste français spécialiste du droit du travail, de la sécurité sociale et de philosophie du droit. Il est depuis 2012 professeur au Collège de France.

[36] Leur notation modifie le comportement des investisseurs institutionnels et sont les acteurs indirects de l'avenir des États et entreprises notées. Les trois agences mondiales de notation financière, Standard & Poor's, Moody's et Fitch Ratings ont respectivement été établies en 1868, 1908 et 1913. *Cafédelabourse.com, 27 décembre 2017.*

[37] Article 1er de la Déclaration des droits de l'homme et du citoyen de 1789.

[38] Chez nous, cette expression n'est utilisée que depuis le XIXe siècle, mais elle semble avoir une longue histoire. Saint François de Sales au XVIe siècle en cite une version latine de Saint Bernard datant du XIIe.

---

[39] Le Produit Intérieur Brut (PIB) est la mesure standard de la valeur ajoutée créée grâce à la production de biens et de services dans un pays pendant une période donnée. Il mesure également le revenu généré par cette production, ou encore le montant total dépensé pour les biens et les services finaux diminué des importations). Bien que le PIB soit l'indicateur le plus important pour capturer l'activité économique, il ne fournit pas une mesure adéquate du bien-être matériel des individus pour lequel d'autres indicateurs sont plus appropriés. Cet indicateur se base sur le PIB réel que l'évolution au cours du temps est ajustée de la variation des prix.
Les données sont également corrigées des saisonnières. Cet indicateur est disponible dans différentes mesures : variations par rapport au trimestre précédent variations par rapport au même trimestre de l'année précédente, exprimées en pourcentage, et indices de volume. Les données sont basées sur le Système de Comptabilité Nationale de 2008 pour tous les pays de l'OCDE. *Définition donnée par l'OCDE.*

[40] *Europe1.fr 11avril 2018, Clément Lesaffre.*

[41] On préfère toujours essayer d'améliorer nos modèles plutôt que d'en changer, quitte à aggraver leurs défauts. On en est là avec les procureurs et les juges. Les magistrats, qu'ils soient du siège (les juges qui jugent) ou du parquet (les procureurs), font partie d'un corps unique, qualifié d'« autorité judiciaire ».Ce postulat a encore été rappelé par le Conseil constitutionnel dans sa décision du 8 décembre 2017… *Dalloz actualités, Daniel Soulez-Larivière, 15 décembre 2017.*

[42] *L'Exécution, Robert Badinter, Grasset 1973.*

[43] Renzo Piano, né le 14 septembre 1937 à Gênes, est un architecte italien, sénateur à vie de la République italienne depuis le 30 août 2013. Il est notamment connu pour avoir gagné, à 33 ans, le concours du Centre Pompidou à Paris, qu'il construisit avec Richard Rogers, ainsi que le Palais de Justice de Paris Porte de Clichy

[44] *Nullum crimen, nulla poena sine lege.*

[45] *Article 222-1 du Code pénal.*

[46] *Thèse de doctorat de l'université de Paris III, Sorbonne nouvelle, « le discours américain sur le terrorisme », Rémi Brulin, 19 novembre 2011.*

[47] *Fellows : « Vers une justice automatisée » Alex Zavrsnik, Professeur à l'université de Slovénie.*

[48] *Communiqué de presse de la fondation Arnold du 26 novembre 2012 : « La fondation s'apprête à financer l'initiative prise pour la transparence de la justice pénale préparatoire dans 50 états américains à compter du 4 décembre 2012.*

[49] D'après les calculs d'Angèle Christin, maître de conférences au département de communication de l'Université de Stanford (Californie), plus d'une soixantaine d'algorithmes prédictifs seraient employés aujourd'hui dans les différents États du pays par la justice américaine. Ces « outils d'évaluation du risque » (*risk-assessment tools* en version originale) sont principalement utilisés pour estimer le risque de récidive des détenus et décider (ou non) de leur libération conditionnelle. Mais ils sont controversés, car, bien qu'utilisés pour réduire les risques de discrimination, ils sont soupçonnés, au contraire, de les entretenir. *Usbek et Rica : Laura Fernandez-Rodriguez, le 22 aout 2017*

Structures éditoriales du groupe L'Harmattan

L'Harmattan Italie
Via degli Artisti, 15
10124 Torino
harmattan.italia@gmail.com

L'Harmattan Hongrie
Kossuth l. u. 14-16.
1053 Budapest
harmattan@harmattan.hu

L'Harmattan Sénégal
10 VDN en face Mermoz
BP 45034 Dakar-Fann
senharmattan@gmail.com

L'Harmattan Cameroun
TSINGA/FECAFOOT
BP 11486 Yaoundé
inkoukam@gmail.com

L'Harmattan Burkina Faso
Achille Somé – tengnule@hotmail.fr

L'Harmattan Guinée
Almamya, rue KA 028 OKB Agency
BP 3470 Conakry
harmattanguinee@yahoo.fr

L'Harmattan RDC
185, avenue Nyangwe
Commune de Lingwala – Kinshasa
matangilamusadila@yahoo.fr

L'Harmattan Congo
67, boulevard Denis-Sassou-N'Guesso
BP 2874 Brazzaville
harmattan.congo@yahoo.fr

L'Harmattan Mali
Sirakoro-Meguetana V31
Bamako
syllaka@yahoo.fr

L'Harmattan Togo
Djidjole – Lomé
Maison Amela
face EPP BATOME
ddamela@aol.com

L'Harmattan Côte d'Ivoire
Résidence Karl – Cité des Arts
Abidjan-Cocody
03 BP 1588 Abidjan
espace_harmattan.ci@hotmail.fr

L'Harmattan Algérie
22, rue Moulay-Mohamed
31000 Oran
info2@harmattan-algerie.com

L'Harmattan Maroc
5, rue Ferrane-Kouicha, Talaâ-Elkbira
Chrableyine, Fès-Médine
30000 Fès
harmattan.maroc@gmail.com

Nos librairies en France

Librairie internationale
16, rue des Écoles – 75005 Paris
librairie.internationale@harmattan.fr
01 40 46 79 11
www.librairieharmattan.com

Librairie l'Espace Harmattan
21 bis, rue des Écoles – 75005 Paris
librairie.espace@harmattan.fr
01 43 29 49 42

Lib. sciences humaines & histoire
21, rue des Écoles – 75005 Paris
librairie.sh@harmattan.fr
01 46 34 13 71
www.librairieharmattansh.com

Lib. Méditerranée & Moyen-Orient
7, rue des Carmes – 75005 Paris
librairie.mediterranee@harmattan.fr
01 43 29 71 15

Librairie Le Lucernaire
53, rue Notre-Dame-des-Champs – 75006 Paris
librairie@lucernaire.fr
01 42 22 67 13

www.ingramcontent.com/pod-product-compliance
Lightning Source LLC
LaVergne TN
LVHW010947061026
849535LV00007B/2601
* 9 7 8 2 3 4 3 2 5 6 0 4 7 *